「顔面地滑り」をくい止める！

宝田恭子

顔筋リフトアップ

PHP

はじめに

人生１００年の時代、50歳はちょうど「折り返し地点」に当たります。50歳を過ぎても、自然な若さを維持しながら、じょうずに年齢を重ねている方がいる一方で、著しく老け込んでいる方もいます。両者の差は、何なのでしょうか？

実年齢より老けて見える人は、みなさん背中が丸まって、口元には深いシワが刻まれ、あごのラインがぼやけています。

顔にシワやたるみが生じるのは、一般には皮膚（表皮）のターンオーバー（新陳代謝）の停滞、あるいは皮膚を形づくっているコラーゲンやエラスチンの変性、また潤いの元であるヒアルロン酸の減少などが、原因としてよく挙げられます。

しかし、実は50歳を過ぎてから顔に生じるシワやたるみは、皮膚表面の問題以上に、皮膚の下にある「筋肉」、そして何より「頭蓋骨・顎骨（がくこつ）」の変形・縮小が大きく関わっているということを、本書でみなさんにお伝えしたいと思っています。

つまり、顔の地盤である骨が、加齢とともにゆがんだり縮んだりすることで、その上に載っている筋肉と皮膚が根こそぎゴソッと滑り落ち、シワやたるみとなって現われているというわけです。これが本書で言う「顔面地滑り」の状態です。

ですから、50歳を過ぎてからのケアは、皮膚のお手入れだけでは解決できません。筋肉とともに、骨の老化をくい止めない限り、あなたの顔面が「地滑り」を起こすのは、時間の問題と言えます。

でも、安心してください。加齢にともなう「地滑り」は、手術や高額な美容法などに頼らなくても、セルフケアで充分にくい止めることができます。しかも、朝・夜それぞれ約5分の簡単なエクササイズで、シワやたるみに悩んでいた顔が速効ですっきりし、以前のすっきりとしたフェイスラインがよみがえります。

最初は「毎日続けるなんて面倒くさい」と言っている人も、一度始めると、とにかく気持ちがいいのでやみつきになります。

ただし、あくまでセルフケアですから、続けることが大切です。朝・夜5分に加えて、日中、気づいたときに「ちょこちょこ」と、プラスアルファのエクササイズも行なうと、さらに効果的です。

「50歳を新しい人生のスタートと考えて、60歳はまだ10歳、70歳はやっと20歳と考えましょう」——私はいつも、そうお伝えしています。

もちろん、本来の10歳、20歳とはさまざまな面で異なります。50歳を過ぎると、健康診断で指摘されるほどの疾病はなくても、心身の衰えに否応なしに直面せざるを得ない場面が増えます。

そうした心身の老いに対して目を背けるのではなく、しっかり受容した上で、いかに心身をケアしながら、自然な形で若さと健康を維持し、ＱＯＬ（Quality Of Life：生活の質）を低下させずに最期まで充実した人生を送るか——これが、50歳からの大きな課題だと、私は考えています。

毎日の簡単なエクササイズで「顔面地滑り」がくい止められることは、私自身が証明できていると自負しています。ぜひ一緒にがんばりましょう！

宝田恭子

「顔面地滑り」をくい止める！ 宝田式 速効5分 顔筋リフトアップ 目次

PART 1 いま、女性の顔があぶない！ 「顔面地滑り」発生中！

PART 2

「顔面地滑り」をくい止める！宝田式 顔筋リフトアップ

PART 3

「顔面地滑り」をくい止める！毎日の「ちょっとした習慣」

まいにち
顔筋
リフトアップ！

装　幀◎山之口正和＋沢田幸平（OKIKATA）
撮　影◎安井勇吾（七彩工房）
ヘアメイク◎福井乃理子（シードスタッフ）
スタイリング◎梅本亜里（シードスタッフ）
モデル◎宝田恭子
本文イラスト◎河南好美・杉山美奈子
本文組版◎朝田春未
編集協力◎小林みゆき

PART 1

いま、女性の顔があぶない！
「顔面地滑り」発生中！

「マスクだからいいや」と思っていませんか？

●「マスク生活」が「顔面地滑り」を加速しています

「アレ？　たるみとむくみ、ひどくなってない？」……

「ヤダ、この老け顔、何??」……

「新しい生活様式」ですっかり定着したマスクの着用。しかし、そのマスクをはずして鏡を見れば、そこには、何だか以前より「劣化」が進んだ哀れな自分の顔が……。

「防疫（感染症〈伝染病〉の発生・流行を予防すること）」の観点からすると、マスクの効果はたしかに「ありがたい」ものです。しかし、顔の皮膚や筋肉、骨に対しては、「ありがたくない」影響が少なからず及んでいると、私は考えています。

「どうせマスクだからいいや」とメイクやスキンケアを怠り、また、話すこと、見られることを避けていると、どうなるでしょう？　あなたの顔の、特に下半分は、緊張感を失ってゆるみっぱなし。世にも恐ろしい「顔面地滑り」の始まりです。

「マスクだからいいや」と油断していると……

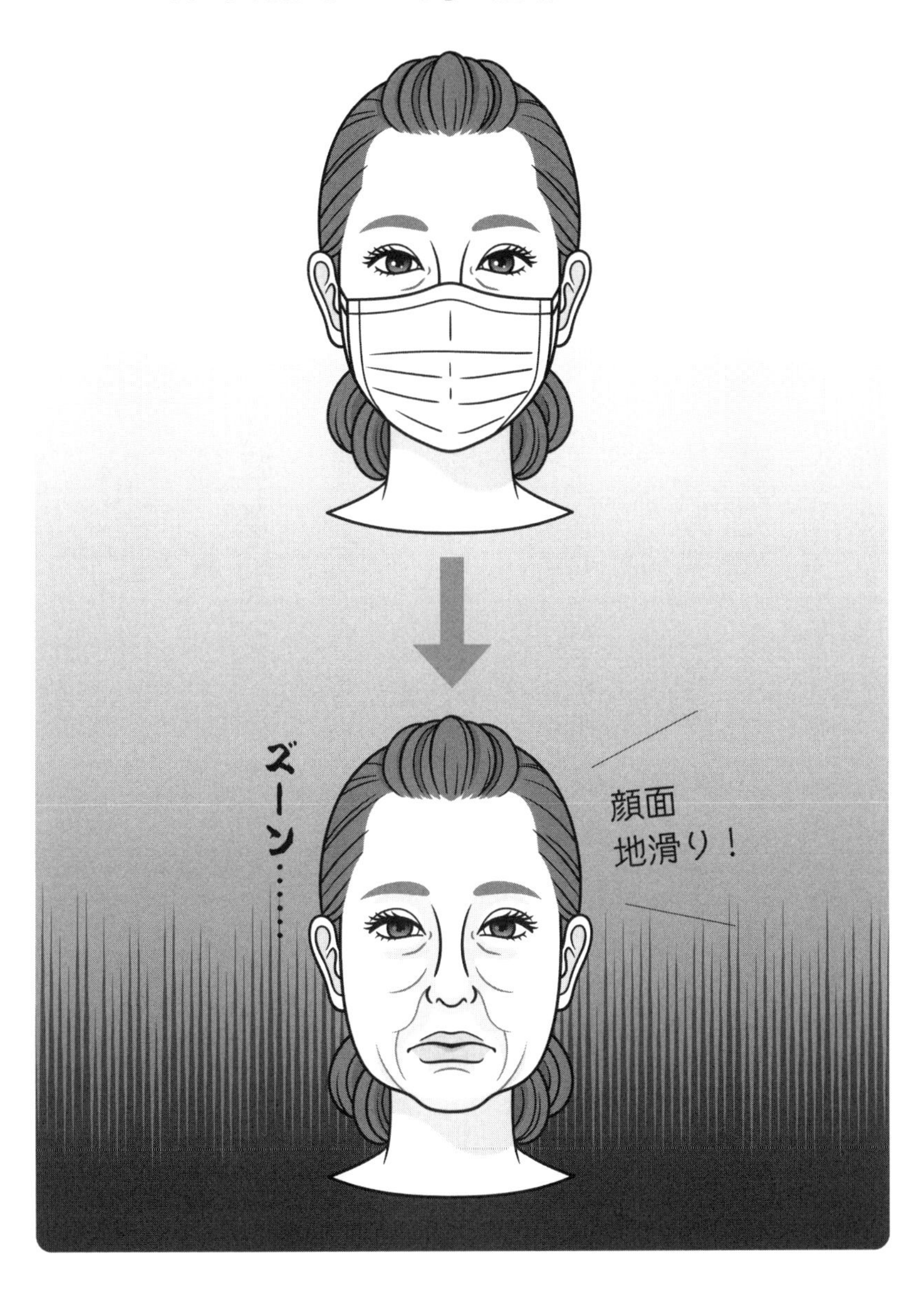

「顔面地滑り」警報 発令中！

あなたの顔も「地滑り」が進行している?!

女性は50歳を越えた頃から、顔のシワやたるみが、急速に目立つようになります。こうしたシワやたるみの原因は、加齢や生活習慣による「皮膚」の老化（衰え）によるものと、一般的には説明されます。もちろん、それも大きな要因のひとつです。

しかし、中高年世代のシワやたるみは、表層の「皮膚」だけでなく、その下（内側）に存在する「筋肉」と、さらにその土台となる「骨（頭蓋（ずがい）・上顎（じょうがく）・下顎（かがく））」、この3つの老化が重なって生じています。

表層の「皮膚」のトラブルだけであれば、「雪崩（なだれ）」や「がけ崩（くず）れ」なのでしょうが、「筋肉」や「骨」にまで深刻な事態が進行しているとすれば、それはもっと甚大な被害を及ぼす「地滑り」です。加齢や生活習慣に加えて、先の「マスク」が合わさって、みなさんの顔の「地滑り」も、刻一刻と進行しているかもしれないのです。

「3つの老化」が「顔面地滑り」の原因！

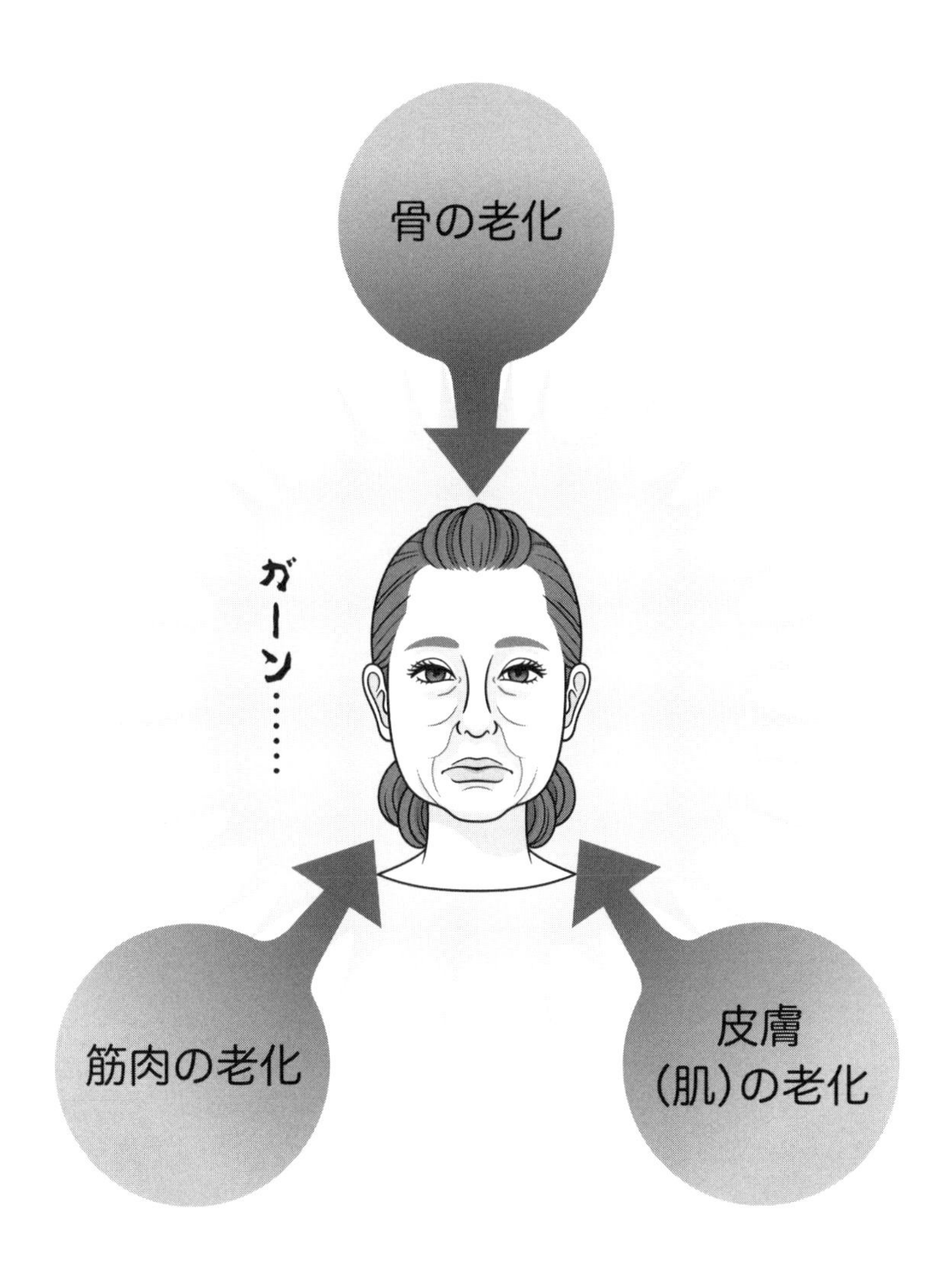

こんな顔になっていませんか？

「顔面地滑り」をチェックしてみましょう

「顔面地滑り」と聞いて、「ちょっと大げさすぎない？」と思った方もいるでしょう。でも、決して大げさではないのです。

ぜひ一度、ご自分の「顔面地滑り具合」をチェックしてみてください。方法は、鏡を机などに水平に置き、それを真上から覗（のぞ）き込むだけです。

いかがですか？　顔全体の皮膚がダランと垂れ下がり、口の周りには縦と横の複数のシワが刻まれ、ほうれい線やマリオネットラインなどがくっきりと現われていたら……。

あなたの顔にも、すでに「地滑り」が始まっているのかもしれません！

骨のおはなし①

年齢とともに顔とあごが小さくなる

「地滑り」をくい止めるには「骨」のケアが先決です

女性であれば誰だって起こってほしくない「顔面地滑り」――でも大丈夫です！　今からでも充分に間に合いますので、本書で紹介する方法で、その進行をくい止めるとともに、未然の防止策にもしっかりと手を打っていきましょう。

「顔面地滑りをくい止める」というと、「要するに、肌（皮膚）でしょ？」という声が聞こえてきそうですが、私は「まず、骨から」であるべきだと考えています。

70代の頭蓋骨の重さは40代の半分以下になります

年を重ねると、たとえば手や腕、下肢、腰の骨などが、いわば「スカスカ」になって骨折しやすくなることは、よく知られています。骨粗鬆症です。

実は、意外と知られていないのですが、顔の骨、つまり、頭蓋骨や上顎骨、下顎骨

顔の骨が縮んで大変なことに！

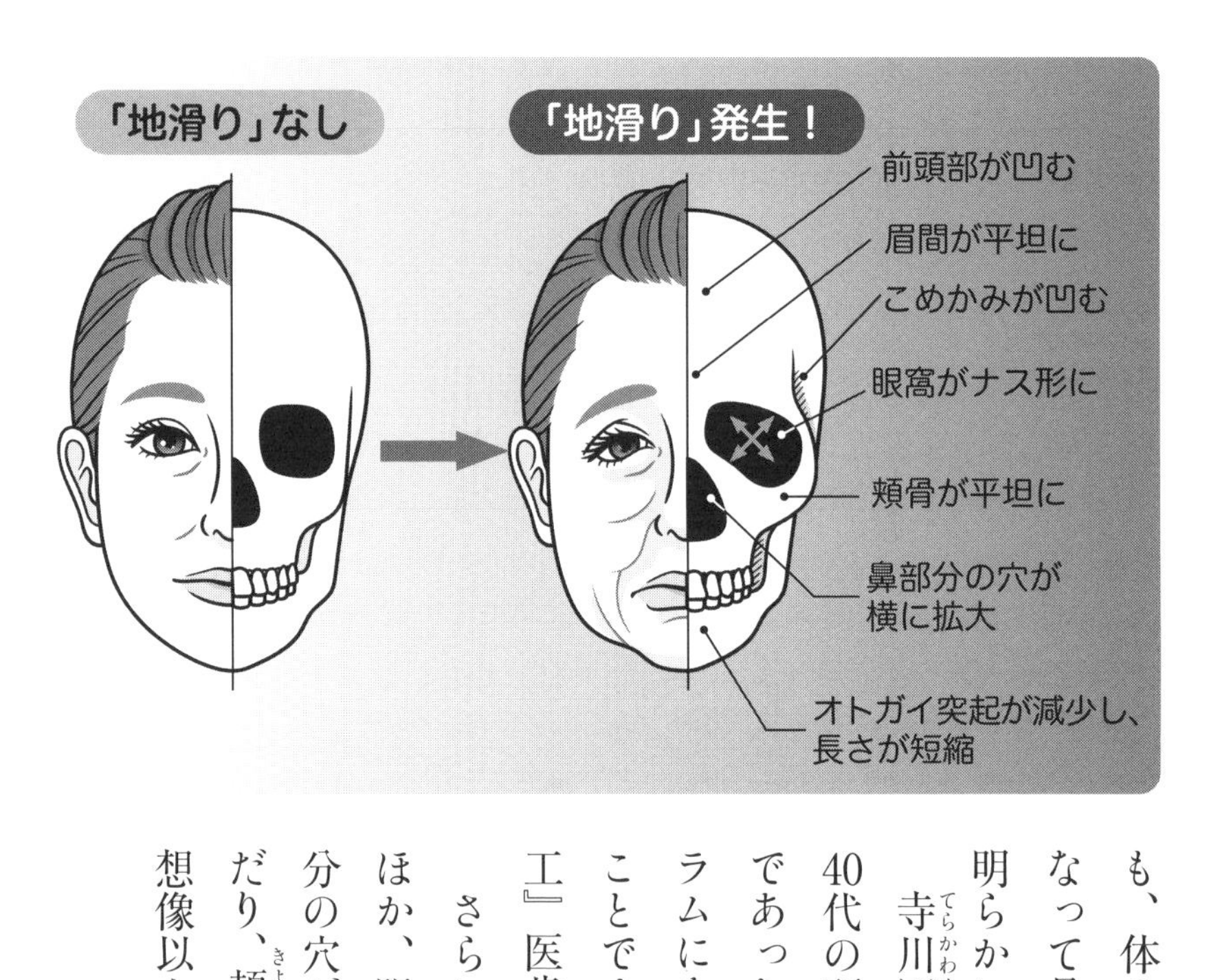

も、体の骨と同じように、加齢にともなって骨量が減って縮小することが、明らかになっています。

　寺川國秀先生の研究報告によると、40代の頭蓋骨の骨量が約６５０グラムであったのに対し、70代は約２８０グラムにまで減少した事例があったとのことです（１９８７年発行の『歯科技工』医歯薬出版株式会社）。

　さらには、顎骨が全体的に縮小するほか、眼球が収まっている眼窩や鼻部分の穴が広がったり、こめかみが凹んだり、頬骨が平坦になったりするなど、想像以上の変化が起こるのです。

60歳以上の人の頭蓋骨はスカスカです

法医学（法律上問題となる医学的事項について研究し、司法・立法・行政上に応用される医学）の専門家は、頭蓋骨を見ただけで、それが20代の人のものか、60代以降の人のものか、すぐにわかるそうです。60歳以上の人の頭蓋骨は明らかに小さく、骨もスカスカになっているというのです。

たとえば、頭蓋骨の内側から光を当てると、20代の頭蓋骨はほとんど光を通さないのに対し、60歳以上の頭蓋骨は、提灯（ちょうちん）のように明かりが透けて通るのだそうです。

また、乳がんの手術をした20代後半の患者さんを、その後30年にわたって経過観察し、診察のたびに撮影した全身のＣＴ（コンピュータ断層撮影）画像を見たことがありますが、やはり頭蓋骨の顔面骨の変化がまさに18ページのイラストのようでした。

さらに、私の患者さんの70代女性は、若い頃にオーダーメイドでぴったりに誂（あつら）えた帽子がブカブカになり、「ちょっとした風なのに、ピューッと飛んじゃった」とおっしゃっていました。ですから、なかなか自覚しにくいのですが、顔や頭の骨が縮んでしまうというのは、どうやら本当のことなのです。

下顎の骨は腰椎より早く骨密度が低下します

さらに、顔面骨と腰椎（ようつい）の骨密度を比較したアメリカの研究では、顔面骨のほうが骨密度の減少率が10％も大きく、骨密度が低下しはじめる年齢も、腰椎は61歳以上なのに対し、顔面骨は41～60歳ですでに低下しはじめることが報告されています。

元来、頭蓋骨は頑丈にできており、よほど強打しない限り骨折しません。大事な脳を守る器だからでしょうが、20～40歳までの腰椎と顔面骨（上顎・下顎）の骨密度の比較データを見ても、顔面骨の骨密度が圧倒的に高いことがわかります。

頭蓋骨は、ものを噛んだり、話をしたり、まばたきをするなどのさまざまな動きで絶えず「骨振動」を受け続けています。骨振動については、ＰＡＲＴ３で詳しく説明しますが、骨は刺激を受けると強くなる性質があるのです。

また、頭蓋骨に接している歯は、発育過程で乳歯から混合歯列、そして永久歯に生え変わります。このときの刺激によって、頭蓋骨の成長が促されていることも考えられます。しかし最終的には、もともと緻密だった骨の造りがだんだんスカスカになり、本来は腰骨より緻密であっても、より早く骨密度が低下してしまうのです。

骨のおはなし②

女性のほうが骨量は減りやすい

閉経を境に女性ホルモンが激減します

女性の骨は、女性ホルモン（エストロゲンなど）によって守られていると言われます。妊娠中や授乳中に、骨の中に蓄えているカルシウムを赤ちゃんに供給する必要があるため、女性ホルモンが骨のカルシウム量を保持する役割を担っているのです。

しかし、閉経を境に女性ホルモンの分泌は大幅に減少しますから、特に閉経後は、「骨を減らさない努力」を意識して行なわないと、骨粗鬆症が一気に進行します。頭蓋骨や顎骨も例外ではありません。骨量を増やすには、たんぱく質やカルシウム、コラーゲンの豊富な食品を摂取することが大切です。

また、運動によって骨に振動を与えることも、骨粗鬆症の予防には効果的であることがわかっています。特に頭蓋骨の場合は、「噛む」振動によって、骨の縮小を抑える効果が期待できます。

骨のおはなし③

食事中の姿勢が悪いと頭蓋骨が変形しやすい

食事中の姿勢が悪いと目元が落ちくぼみやすくなります

食事をしているときの姿勢も、頭蓋骨や下顎骨に大きく影響します。頭蓋骨はもともと、奥歯で噛んですりつぶすことに適した形になっています。前歯部に荷重された力は、主として歯槽（しそう）部から前頭部に達します。奥歯（小臼歯（しょうきゅうし））の場合も、同じ方向です。大臼歯の場合は、各部とも力が均衡し、平等に顔面頭蓋に分散します。このように、歯牙に加えられた荷重が前歯から大臼歯へと移行するに従い、顔面各部の変化は小さく、かつ平均化されていきます。

スマートフォン（スマホ）を見ながらうつむいて食事をしていると、奥歯ではなく、少し前の歯で噛むようになります。すると、咀嚼（そしゃく）圧は上下に、圧縮圧は左右に広がろうとする引っ張りの応力が作用して鼻根部は広くなり、眼窩がナス形のサングラスのように変形する結果、目元がくぼんで目力（めぢから）がなくなり、老けた印象になります。

噛む回数を増すとシワやたるみを予防できます

うつむいて咀嚼していると下顎骨が前に押し出され、その上に載っている筋肉や皮膚もどんどんと「地滑り」を起こします。うつむいた姿勢だと、あまり噛まずに飲み込むため「早食い」になって消化・吸収が悪くなり、肥満などの原因にもなります。

食事を摂るときは背すじを伸ばし、胸（胸郭）を開いた姿勢で腰かけ、両方の奥歯でできるだけ均等に、ゆっくりと噛んで食べることを意識しましょう。全身が安定する姿勢で食事をすることは、よく味わうための基本条件です。

全身が安定する姿勢で噛んでいる人と、前かがみや足元が不安定な姿勢で噛んでいる人では、前者のほうが、飲み込むまでの噛む回数が20回程度多くなると言われています（丸茂義二先生の「おむすび咀嚼実験」より）。

特に奥歯をしっかり使って食べるように心がければ、噛む回数と「骨振動」が自然と増えて、頭蓋骨や顎骨の縮小や粗鬆を抑える効果が期待できます。

「顔面地滑り」予防の観点からすると、噛む力が強い人より、噛む回数が多い人のほうが、頭蓋骨と顎骨の老化をくい止めることができると考えられます。

筋肉のおはなし①

「顔面筋」の活性化がポイント

加齢や頭蓋骨の縮小が契機となって筋肉も老化します

「顔面地滑り」の2つめの要因は、頭蓋骨から前胸部までに広く分布している顔の筋肉、すなわち「顔面筋」の衰えです。本書で言う顔面筋とは、表情筋（口輪筋・広頸筋・大頬骨筋・小頬骨筋・上唇挙筋、眼輪筋、鼻根筋、皺眉筋・笑筋など）と咀嚼筋（咬筋・側頭筋など）、そして、胸鎖乳突筋を指します。

咀嚼筋は、両端がどちらも骨にくっついていて（骨格筋）、下顎骨を動かす役割を担っています。表情筋は、片方が骨、あるいは皮膚につき、もう片方が皮膚についていることで（皮筋）、微妙な動きが可能となり、豊かな表情を生み出せます。

どちらの筋肉も、年齢が若ければ柔軟性に富み、咀嚼筋は骨の動きをしっかり支え、表情筋はハリのある皮膚を裏打ちしていますが、加齢や頭蓋骨・顎骨の縮小などによってゆるんだり硬くなったりすると、「顔面地滑り」を招いてしまいます。

顔面筋を活性化しましょう

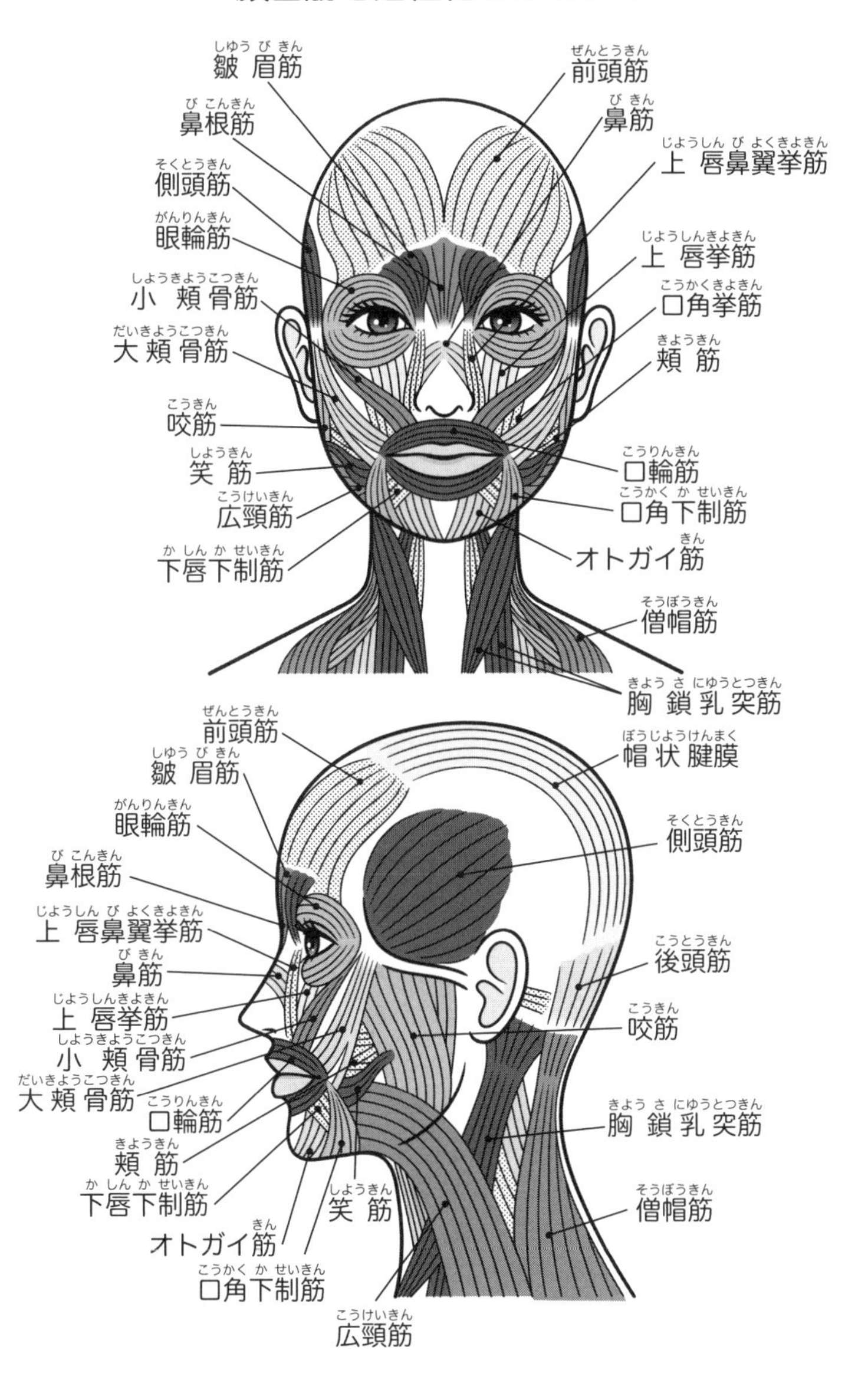

筋肉のおはなし②

「口元の老い」を促す筋肉

口を引き上げる2つの筋肉が加齢とともにゆるんできます

「年齢は口元に出やすい」とよく言われます。口の周りには多くの筋肉が存在し、若いときにはそれらの相互作用で、口元のハリを生み出しています。

たとえば、頬骨から上唇まで延びている「大頬骨筋」と「小頬骨筋」は、口元を引き上げる役割を担っています。ところが、加齢とともにそれらがゆるんでくると、鼻の下が伸びたり、口角が下がったりするほか、ほうれい線の原因にもなります。

また、唇の下からあご先にかけての部分には、薄い筋肉が何層にも重なり合って存在します。乳児がおっぱいを飲んだり、おしゃぶりを吸ったりするときに活発に動く筋肉です。ところが、ある程度成長して離乳食が摂れるようになると、唇の下の筋肉群を動かす機会が少なくなるため、それ以降、次第に衰えやすくなり、中年以降の加齢につれて下顎骨が縮小すると、それらの筋肉の働きが一気に弱まってしまいます。

マスクの中で口を開けていると口が「への字」になります

冒頭でも説明した通り、「新しい生活様式」によって、マスクが手放せないものになりました。しかしこれが「顔面地滑り」を加速させていると言っても、過言ではありません。マスクを装着し続けていると、どうしても息苦しくなり、その息苦しさを緩和しようと、つい口をポカンと開けて呼吸しがちになります。すると、口角が下がって、口が「への字」になってしまうのです。

口が「への字」になるのは、広頸筋の作用です。広頸筋は、鎖骨、第一・第二肋骨（ろっこつ）の辺りから下顎、口角、頬骨の下まで広く分布している筋肉で、口角を下に引く作用があります。ほかの顔面筋がしっかり働いているときは、口角が下がることはありませんが、加齢に伴って顔面筋が全体的にゆるみはじめ、頭蓋骨・顎骨の縮小などが進むと、重力の影響もあって、広頸筋が口角をどんどんと引き下げてしまうのです。

そのまま放っておくと、腹話術の人形のように、口角から下に向かって、いわゆる「マリオネットライン」が深く刻まれていきます。さらには、ほうれい線や首のシワの原因にもなり、顔全体がどんどんと老けた印象になっていきます。

筋肉のおはなし③

前かがみの姿勢が「顔面地滑り」の元凶

若い人でも姿勢が悪いと「顔面地滑り」は起きます

年齢を重ねると、重力に抗（あらが）うことが難しくなって、徐々に前かがみの姿勢になってしまうものですが、これも「顔面地滑り」の大きな要因となります。先に説明した「広頸筋」が、口角を下へ引っ張る力が、さらに強まるためです。

広頸筋は、皮膚から始まり皮膚にくっついている「皮筋」なので、前かがみの姿勢になると、皮膚と一緒に垂れ下がります。

私たちの生活動作には、前かがみになる場面がたくさんあります。背すじを伸ばした状態で料理・掃除・洗濯をするのは現実的ではありませんから、やはり何度も繰り返し、前かがみの姿勢になっています。また、背中を丸めてパソコンに向かっていたり、うつむいてスマホを四六時中見ていたりする時間が長くなれば、広頸筋はどんどんと下に引っ張られますから、若い人であっても「顔面地滑り」が起こってしまいます。

前かがみの姿勢が「顔面地滑り」を招く！

猫背気味だと骨盤が後ろに傾き、ひざもだらしなく開いて……という最悪の連鎖を起こしている可能性が！　スマホチェックなどで四六時中うつむきがちになるのも、「顔面地滑り」を加速させるので要注意です。

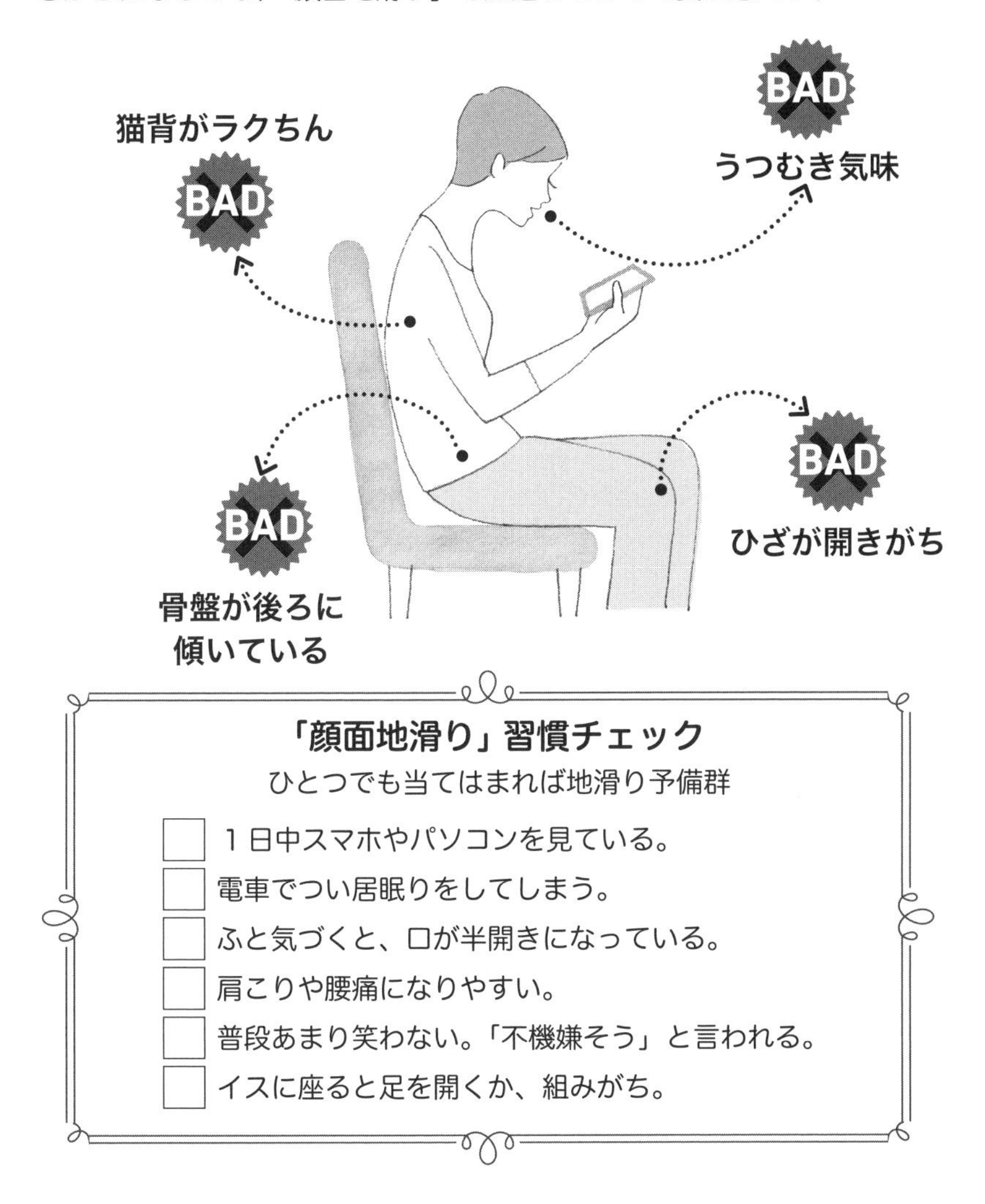

「顔面地滑り」習慣チェック

ひとつでも当てはまれば地滑り予備群

- □ １日中スマホやパソコンを見ている。
- □ 電車でつい居眠りをしてしまう。
- □ ふと気づくと、口が半開きになっている。
- □ 肩こりや腰痛になりやすい。
- □ 普段あまり笑わない。「不機嫌そう」と言われる。
- □ イスに座ると足を開くか、組みがち。

皮膚のおはなし

肌はこうして老化する

コラーゲンとエラスチンの変性でハリが失われます

加齢につれて、皮膚も衰えていきます。

皮膚は、外側から「表皮」「真皮(しんぴ)」「皮下組織」の3つの層でできています。このうち、皮膚の大部分を占めている「真皮」は、「コラーゲン」と「エラスチン」という2つのたんぱく質で構成され、これらが皮膚のハリを生んでいます。

ところが、年齢を重ねると、コラーゲンとエラスチンが変性し、皮膚が薄くなって、肌本来のハリが失われます。

こうした真皮の老化は、表皮にも影響します。表皮は複数の層でできていて、最下層でつくられた表皮細胞が上の層へどんどん押し上げられ、最上層までくると「垢(あか)」として剥がれ落ちる仕組みになっています。しかし、真皮が老化すると、表皮に充分な栄養素が行き届かなくなり、複数の層で繰り返される新陳代謝が衰えてしまいます。

コラーゲンとエラスチンが変性してハリが失われる

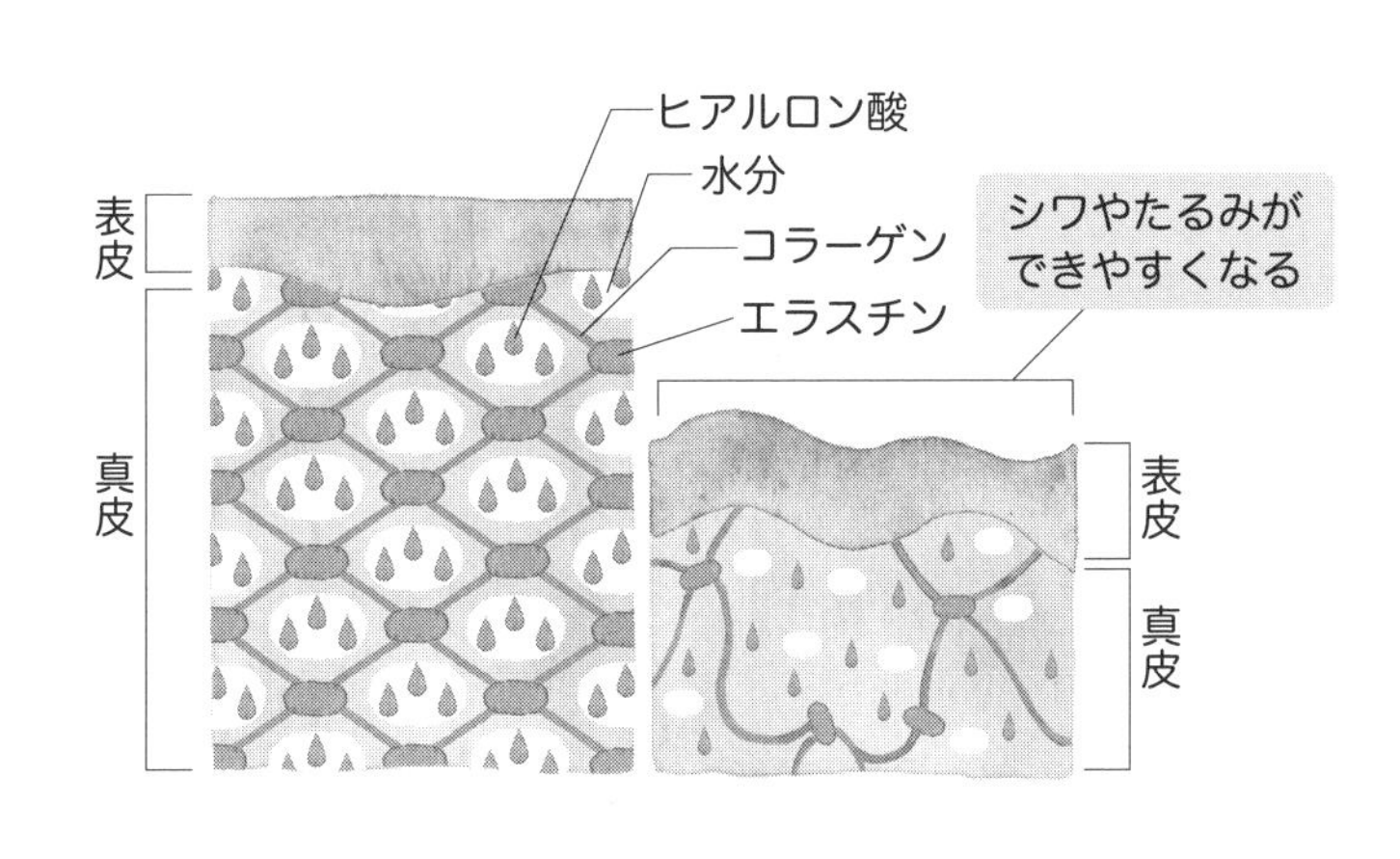

その結果、肌がカサつき、ハリもなくなって、シワやたるみができやすくなります。

肌の最大の敵は「紫外線」です

皮膚の老化は、加齢だけでなく、さまざまな要因が絡み合って促されます。

「肌の大敵」としてよく知られているのが、紫外線です。皮膚に悪影響を及ぼす紫外線は、UVBとUVAの2種類です。

UVBは日焼けや皮膚がんの原因になる有害性の強い紫外線です。もうひとつのUVAは、UVBほどリスクはないものの、長時間浴び続けると美容と健康の両方に、好ましくない影響を及ぼすと言われています。

コラーゲンやエラスチンが加齢につれて変性

する背景にも、紫外線が関わっていると考えられています。また、表皮の新陳代謝が衰える要因にもなり、それが元で、シミも沈着しやすくなります。

まさに紫外線は、肌にとって「最大の敵」と言えるのです。

頭蓋骨と筋肉の老化で土台から滑り落ちてしまいます

閉経後の女性ホルモン（エストロゲン）の減少は、真皮のコラーゲンやエラスチンの変性も促すと考えられています。女性ホルモンが減少すると、皮脂の分泌も減少し、肌のカサつきが加速します。

さらに、皮膚の土台である頭蓋骨の縮小や筋肉の萎縮（いしゅく）により、皮下組織が下垂（かすい）し、皮膚のたるみを助長します。皮膚のケアやマッサージをいくらがんばっても、シワやたるみが改善されないのは、このためです。

皮膚本来のハリを取り戻し、「顔面地滑り」をくい止めるには、皮膚のケアだけでなく、頭蓋骨や顎骨、顔面筋のケアも、効果的に行なう必要があります。

PART2では、骨、筋肉、皮膚に働きかける「顔筋リフトアップ」の具体的な方法を紹介します。

PART 2

「顔面地滑り」をくい止める！
宝田式 顔筋リフトアップ

朝・夜5分で効果テキメン！

●簡単で速効性があるのが特徴です

「顔面地滑り」は、セルフケアでくい止めましょう。もちろん、30代の頃の状態にまで戻すのは難しいかもしれませんが、ここで紹介する「宝田式 顔筋リフトアップ」と、プラスアルファのエクササイズを継続して実践すれば、「10歳の若返り」も不可能ではありません。つまり、実年齢より10歳若い美しさを保てるということです。

「でも、毎日続けるのって、大変そう……」

そんなふうに思っている方も、いらっしゃることでしょう。

でも、安心してください。忙しいみなさんでも気軽に続けられるように、朝・夜わずか5分で、すぐに効果を実感していただけるように構成しています。それだけでも充分に効果は期待できるのですが、もう少しがんばれそうな方は、プラスアルファのエクササイズにも、ぜひ挑戦してみてくださいね。

＊「5分」は目安です。時と場合によって変動して差し支えありません。

効果を高めるポイント①

しっかりウォーミングアップ

全身の血流を促してから顔にアプローチします

「顔筋リフトアップ」の効果を高めるポイントが、5つあります。ひとつめは、ウォーミングアップから始めることです。

50歳を過ぎると、血流が滞りがちになって、全身の筋肉が硬くなっていきます。ですから、朝と夜のエクササイズは、全身の血流を促すウォーミングアップ効果のあるものと組み合わせて紹介しています。フェイスケアと直接的には関係がないような動作が入っているのは、そのためです。

どれも簡単にできるものなので省略せずに、全身の血流促進もしっかり行なってください。

全身の血流がよくない状態で、いきなり顔にアプローチしてしまうと逆効果になりかねないので、要注意です。

効果を高めるポイント②

継続して一所懸命に取り組む

いちばんの秘訣は「毎日続けること」です

繰り返しになりますが、「顔筋リフトアップ」とプラスアルファのエクササイズは、どれも簡単に実践できますから、その分、「毎日続けること」が大切です。

「昨日少し多めにやったから、今日はいいか」というのも気持ちはわかりますが、美と健康を保ち、若さを取り戻すためには、「毎日の継続」が必要です。

簡単だからこそ、一つひとつの動作を丁寧に行ない、なおかつ継続することが、効果を高めるいちばんのポイントと言えます。

「本当によくなるのかな？」と疑いながら漫然と行なうのではなく、5分間、とにかく集中して一所懸命に取り組みましょう。

おだやかな動作がほとんどですから、一所懸命やっても、大したストレスにはならないはずです。

効果を高めるポイント③

身支度をきちんと整えて

パジャマのままは効果半減です

「おうち時間」でのセルフケアは、誰にも見られていない分、手を抜こうと思えば、いくらでも手を抜けます。だからこそ、自分で気持ちを高めるための工夫が必要です。たとえば、朝、パジャマ姿のまま、髪もとかさずに始めるのは避けましょう。身なりを整えることが、心を整えることにつながるからです。

寝床の上で行なうエクササイズ以外は、きちんと身支度を整えてから始めます。パジャマを脱いで着替えることで、まだ眠っていた頭もスッキリと切り替わります。いちばんのお気に入りのTシャツを着たり、気分が上がるスポーツウェアを身につけたりすると、気持ちが高まって引き締まり、動作もキビキビとしてきます。

エクササイズを行なう部屋に花を飾ったり、アロマやお香を焚(た)いたりするのも、良い方法です。朝・夜の5分を無駄にしないために、集中して取り組みましょう。

効果を高めるポイント④

「意味と効果」をいつも意識する

●「ながら」はやめましょう

「顔筋リフトアップ」を行なうときは、「どうしてこの動作が改善につながるのか」「朝と夜でエクササイズが違うのはどうしてなのか」といった「理屈」をしっかり意識しながら行なうことをおすすめします。

意味と効果がわかれば、「今はここの骨にアプローチしているんだな」とか、「ここの筋肉のゆるみを戻しているんだな」と効果も意識できるので、モチベーションがさらに高まります。逆に半信半疑であったり、別のことを考えたりしていると、せっかくの動作が効果につながりにくくなります。

79～96ページに、各エクササイズのポイントをまとめていますので、内容をしっかりと理解した上で、それぞれのエクササイズを行なっていただくと、効果はきっと倍増します。テレビやスマホを見ながらの「ながらエクササイズ」は避けましょう。

効果を高めるポイント⑤

がんばる自分にエールを

脳内の「幸せホルモン」をフル活用しましょう

身近で応援してくれたり、ほめてくれたりする人がいると、セルフケアでも長続きしやすいのはたしかです。しかし、近年は一人暮らしの方も多く、私の患者さんの中にも、独居の方がたくさんいらっしゃいます。

先日、ある患者さんが「手の指が曲がって、動きが悪くなった」とおっしゃったので、「どれどれ、見せて」と声をかけて手を握らせていただくと、「あら、久しぶりに人に手を握ってもらった」とうれしそうに笑っておられました。女性の方ですが、人は誰かに触れられると、脳内に「幸せホルモン」が分泌されるそうです。

自分で自分をなでても「幸せホルモン」は分泌されますから、「顔筋リフトアップ」を行なうときは「あなたはがんばっている」「大丈夫、きれいだよ」と、自分で自分を精一杯ほめながら取り組むといいでしょう。では、次ページからスタートです！

朝の顔筋リフトアップ

目覚めの全身のばし

ポイント解説 79ページ

全身の筋肉をほぐして血流を促し、
1日を気持ちよくスタートしましょう。

1 ▶床で仰向けになって、全身の力を抜いてリラックスします。

希望の朝〜

2 ▶ラジオ体操の深呼吸のイメージで、両腕を大きく伸ばしてバンザイ。
▶「希望の朝が来た!」というポジティブな気持ちで。

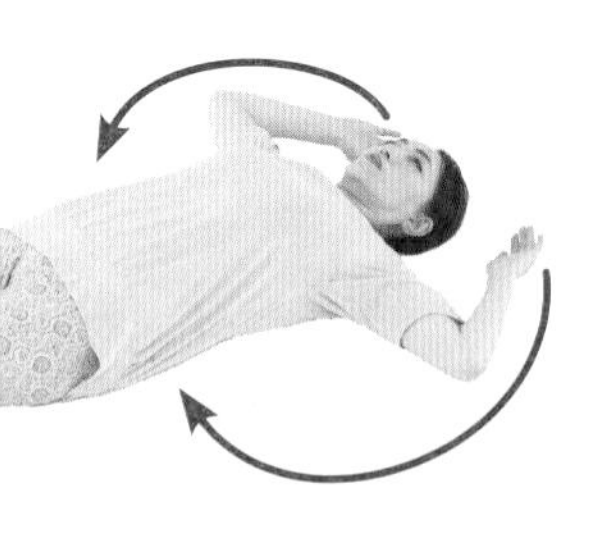

3 ▶ゆっくりと腕を回します。

4 ▶1の状態に戻ります。

足の力だけでなく、
手を使ってしっかりと
引き寄せてください。

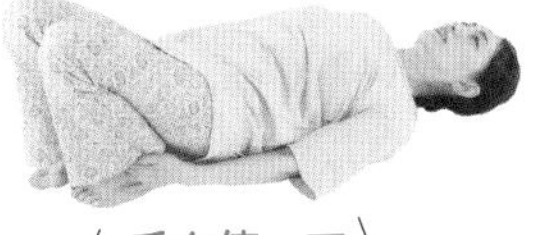

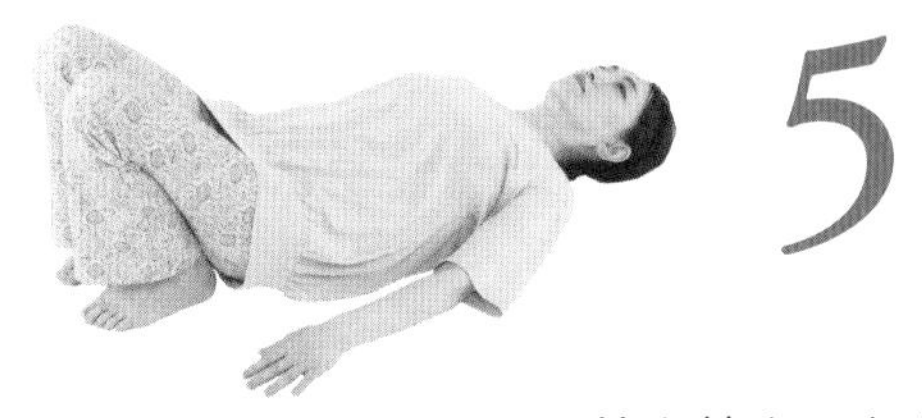

5

▶両ひざを立てて、両手で足首を持ち、かかとをできるだけお尻に近づけます。

6

▶腰を浮かせて左右に 10 回程度揺らします。
▶この動きで、腸腰筋や大腰筋をゆるめます。

7

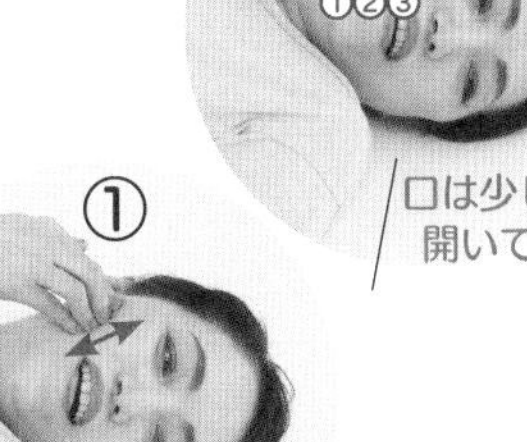

▶ 61 ページの 3 と同じ動作を「イチ・ニ・サン」のリズムで行ないます（①）。
▶次に 61 ページの 4 と同じ動作を「イチ・ニ・サン」のリズムで行ないます（②）。

ココがポイント！

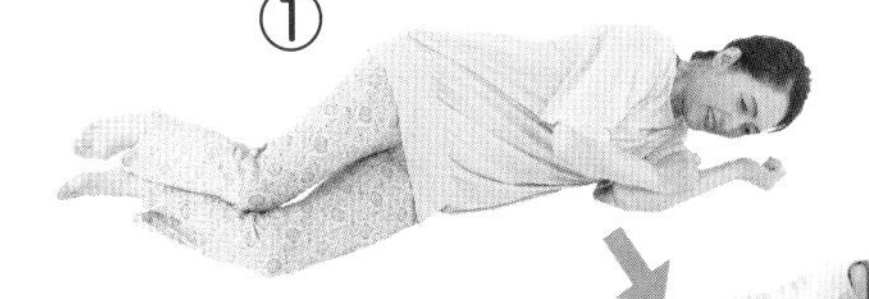

● 仰向けの状態からいきなり「エイッ」と起きると、腰を傷める原因になるので要注意。
● 一度横向きになり（①）、手で体を支えるようにして起き上がりましょう（②）。

朝の顔筋リフトアップ

壁でひざ裏のばし

下半身の筋肉を伸ばして全身の血流を活性化。
私は毎朝、冷蔵庫の前でやっています！

1

▶壁に向かって立ち、両ひじが直角になる高さまで上げて、壁にひじをつきます。

2

▶つま先をまっすぐ壁に向けて、足を前後に開きます。
▶右のひざを曲げて腰を前方に押し出し、そのままの姿勢を保ちます（20～30秒）。
▶背中からかかとまでが一直線になるように。
▶ふくらはぎからひざ裏、太ももの裏が伸びているのを感じます。
▶ゆっくりと１の姿勢に戻り、反対側も同様に。

朝の顔筋リフトアップ
フーッと深呼吸

深い呼吸が心と体を整えます。
1分間に6回以下がポイント。

1

▶骨盤を立てるように背すじを伸ばして座り、足裏を床につけます。
▶口の中で舌を上あごにつけて、スーッと深く鼻から息を吸います。
▶自然と視線が上がります（建物の３階の窓を見るイメージ）。

2

▶肺いっぱいに息を吸ったら、フーッと口から息を吐き切ります。
▶おなかの空気をすべて出し切るイメージで、おなかをへこませます。
▶１分間に６回以下のゆっくりした深呼吸を心がけてください。

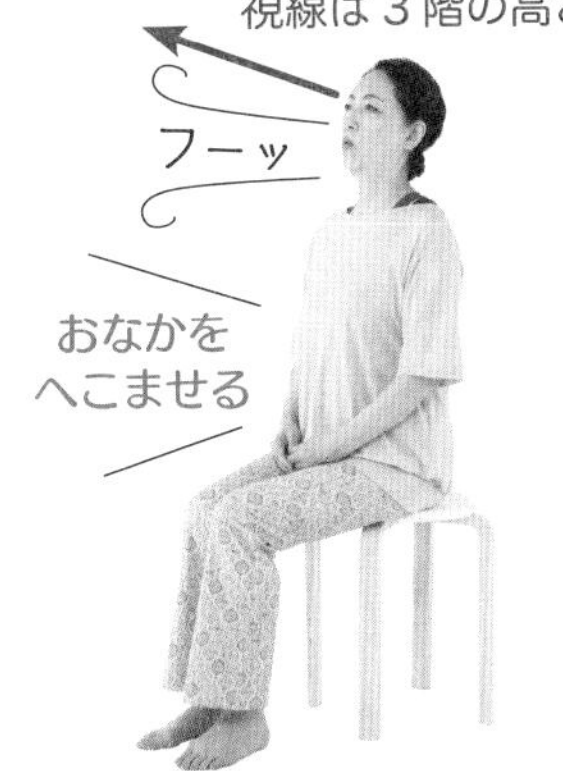

●朝・夜だけでなく、「疲れたな」「落ち着かないな」というときなど、１日の生活の中で何度でも深呼吸をしてください。
●それだけで、なんだか調子が良くなっちゃいますよ！

朝の顔筋リフトアップ
鎖骨スリスリ

鎖骨のリンパを流して朝のむくみ顔を解消。
広頸筋も刺激します。

1

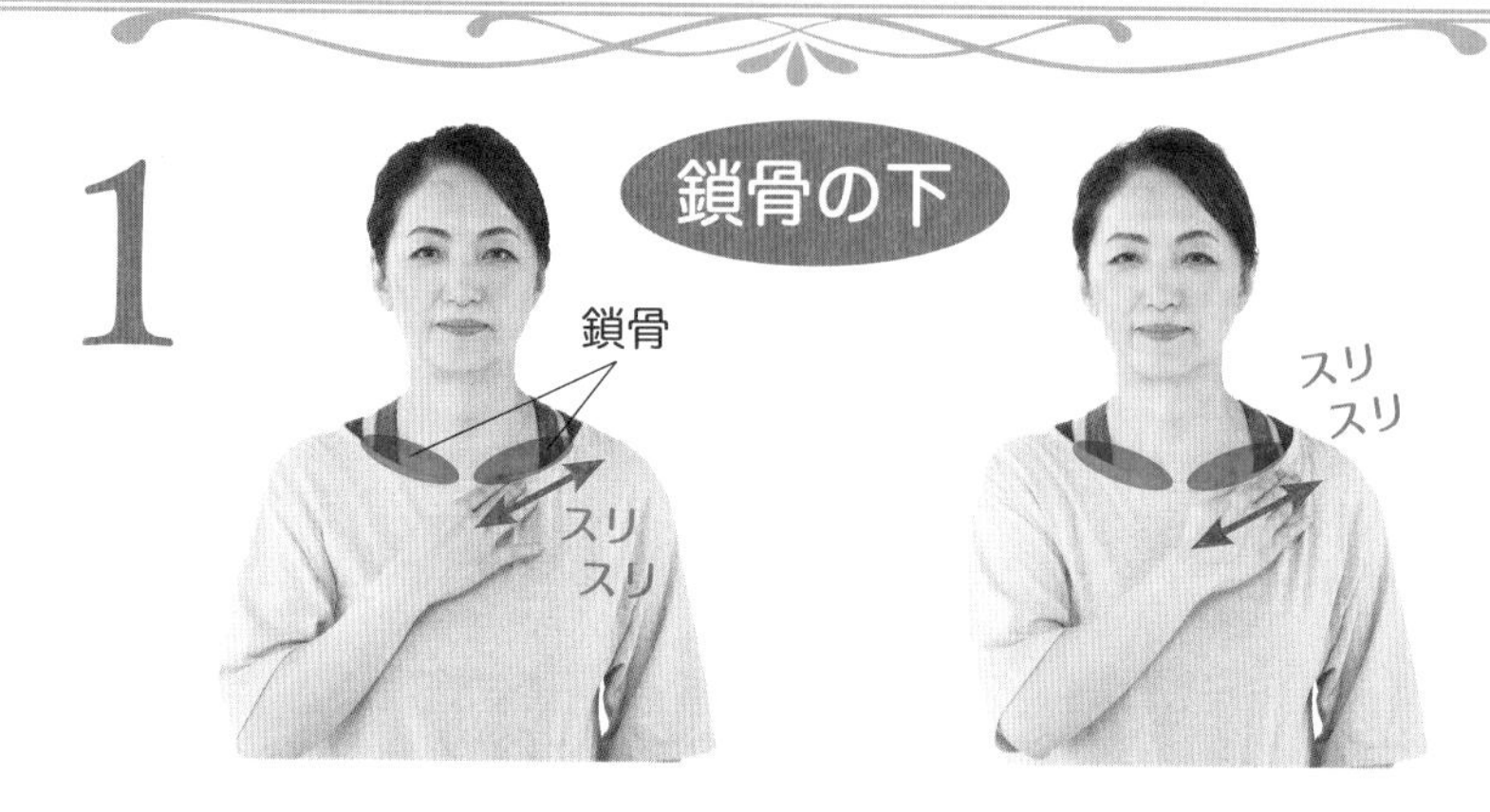

▶左の鎖骨の下側を、右手の指先で鎖骨に沿ってさすります（10 往復）。
▶右の鎖骨の下側を、左手の指先で鎖骨に沿ってさすります（10 往復）。

2

▶左の鎖骨の上側を、右手の指先で鎖骨に沿ってさすります（10 往復）。
▶首元から肩のきわまで、しっかりとさすります。
▶右の鎖骨の上側を、左手の指先で鎖骨に沿ってさすります（10 往復）。

朝の顔筋リフトアップ
あごプッシュ

あごから耳のラインを整えて
「顔面地滑り」を予防します。

1

▶右手の人差し指を
あごの下に添えます。

2

▶左あごの骨に沿って人差し指を押さえつけます。
▶あごの骨の内側を押すようにして、グッグッグッと左耳のほうへ動かします。
▶顔は右側に向けていきます。

3 ▶８回に分けて耳元まで
押さえていきます。

4 ▶指が耳まで来たら、耳たぶを親指と人差し指でつまみ、うしろ回りに３周回します。

5 ▶耳の真ん中をつまんで、
うしろ回りに３周回します。

6

▶耳を回し終えたら、顔の向きはそのまま、おじぎをするように頭を前に倒し、首筋（胸鎖乳突筋・広頸筋）を上下にやさしくさすります。

7

▶鎖骨の上、首のつけ根のあたりをやさしくさすります。

▶1〜7を、反対側も同様に行ないます。

ココがポイント！

●手と顔は、反対方向に同時に動かします。

●あごのリンパを流すことを意識しながら、指でしっかり押さえてください。

朝の顔筋リフトアップ
頬骨プッシュ

表情筋が重なる頬骨の下を
「こぶしかっさ」で刺激して元気にします。

ポイント解説 84ページ

1

▶両手を握ってこぶしをつくり、第二関節の部分を頬骨の下に当てます。
▶小指が鼻翼に当たるくらいの位置で押さえ、口の中で舌を上あごにつけて、鼻から息を吸い込みます。
▶「ひー」と声に出しながら、吸い込んだ息を吐き切ります。

● 押圧ポイント

ココがポイント！

●頬骨の下を「痛(いた)気持ちいい」くらいにしっかりと押しましょう。
●おなかはブルース・リーのようなシックスパック（６分割）をイメージ！

2

▶中指と薬指の第二関節が頬骨の真ん中に当たるくらいの位置で押さえ、口の中で舌を上あごにつけて、鼻から息を吸い込みます。

▶「ふー」と声に出しながら、吸い込んだ息を吐き切ります。

3

▶中指と薬指の第二関節が咬筋（歯を食いしばると動く筋肉）に当たるくらいの位置で押さえ、口の中で舌を上あごにつけて、鼻から息を吸い込みます。

▶「みー」と声に出しながら、吸い込んだ息を吐き切ります。

朝の顔筋リフトアップ
上下ひっぱり

額から鼻梁（びりょう）の筋肉と皮膚を活性化して、
ハリと弾力を保ちます。

1 ▶片方の手の指先で、目と目の間の鼻梁をつまみます。

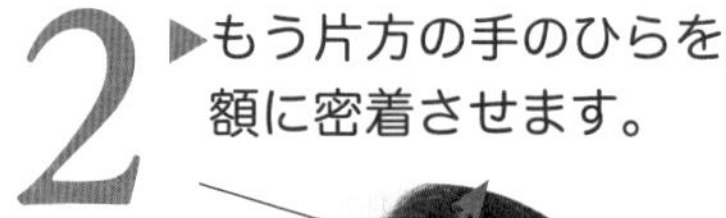

2 ▶もう片方の手のひらを額に密着させます。

3 ▶鼻梁をつまんだ指を下に、額に置いた手のひらを上の方向に動かし、眉間を伸ばすイメージで上下に引っ張ります。

ココがポイント！

- 目の周りを揺らすときは、力を入れすぎないで！
- そっと触れる程度のやさしいタッチで充分です。

4

▶人差し指と中指の腹で、まぶたをやさしく左右に揺らします。

▶人差し指と中指の腹で、目の下（眼窩（がんか）のふち）をやさしく左右に揺らします。

夜の顔筋リフトアップ
深呼吸でリラックス

ポイント解説
84
ページ

1日の活動で疲れ切った心と体を、
深い呼吸で労りましょう。

1

▶骨盤を立てるように背すじを伸ばして座り、足裏を床につけます。
▶口の中で舌を上あごにつけて、スーッと深く鼻から息を吸います。
▶胸鎖乳突筋は吸気筋なので、吸っていくと頭がうしろに引かれていきます。

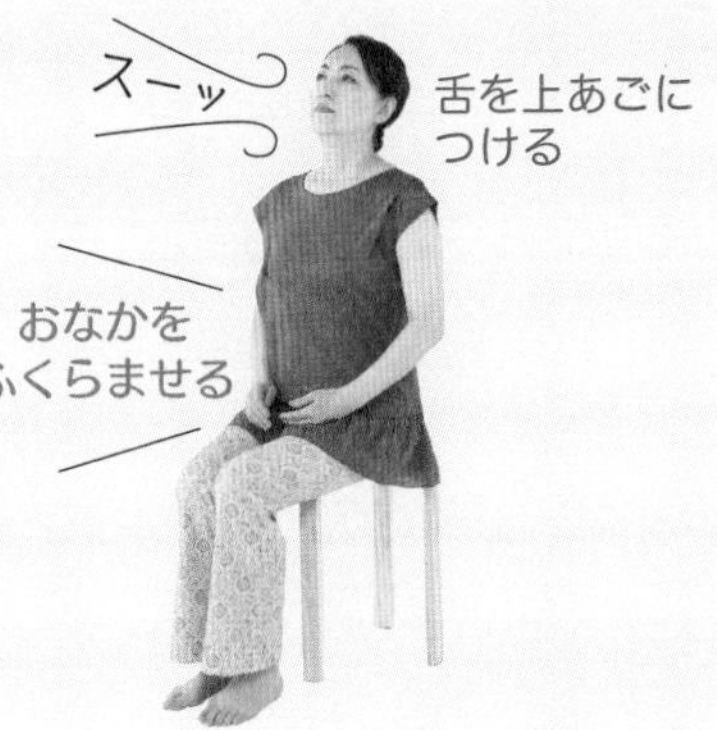

2

▶建物の３階の窓を見るイメージで、フーッと口から息を吐き切ります。
▶おなかの空気をすべて出し切るイメージで、おなかをへこませます。
▶１分間に６回以下のゆっくりした深呼吸を心がけてください。

ココがポイント！

●今日１日の出来事の中で「よかったこと」だけを思い出しましょう。

夜の顔筋リフトアップ
ふくらはぎはじき

疲れが集中している下肢を刺激して、
元気をよみがえらせます。

ポイント解説 85ページ

1

▶イスや床に座り、両手の指で片方のふくらはぎを、ひざ裏のあたりから足首までもみほぐします。
▶ひざ頭とひざ裏を両手で包むように持ち、しっかりもみほぐします。

ココがポイント！

●ふくらはぎをしっかりケアしておくと、睡眠中の「こむらがえり」や「目覚めの全身のばし」（40ページ）のときに足がつるようなことがなくなりますよ。

2

▶両手の親指をふくらはぎに当ててグッと押し込み、左右にはじくようにして刺激を与えます。
▶ひざ裏から足首まで、まんべんなくはじきます。
▶1〜2を、反対側も同様に。

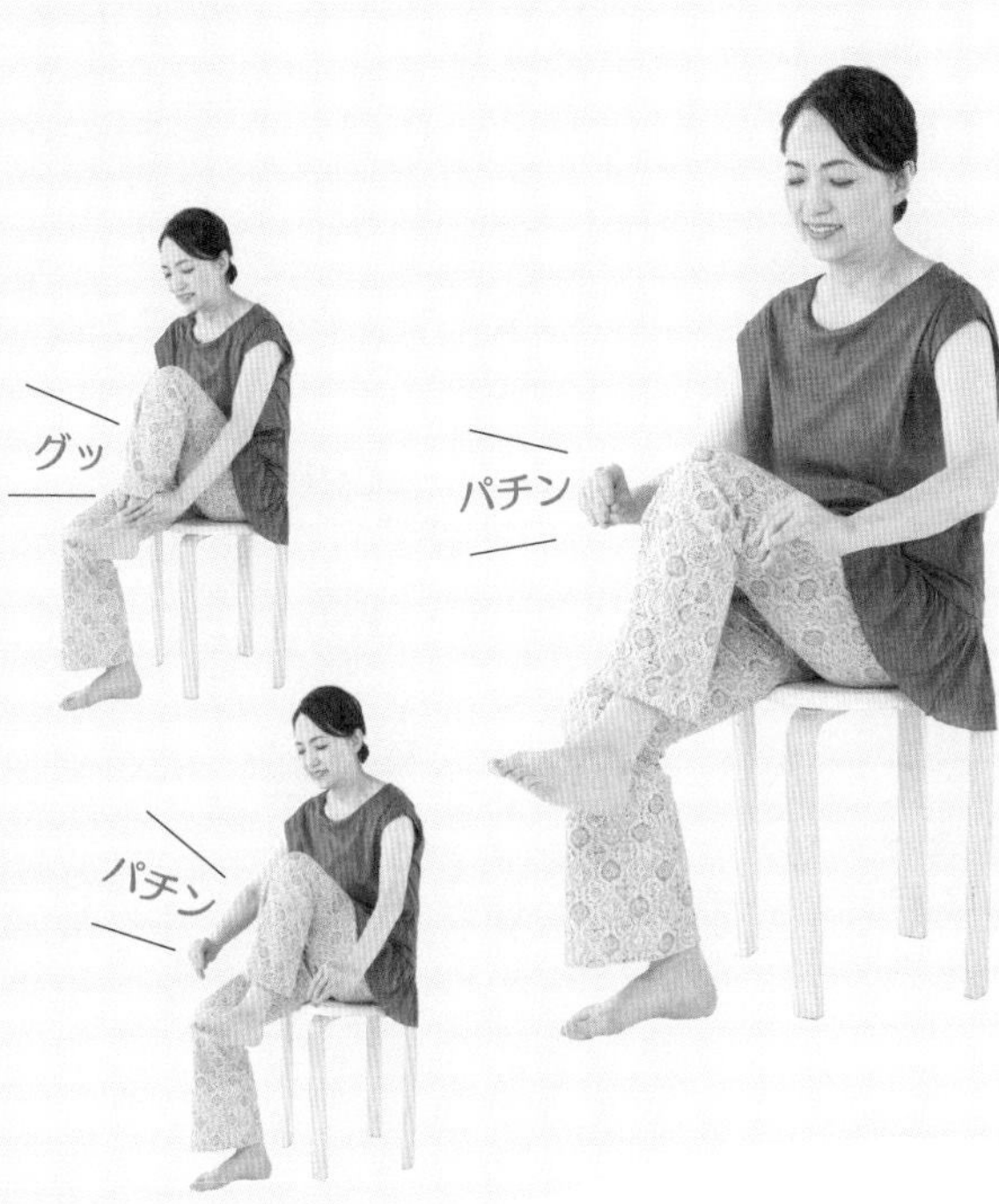

足がとっても
軽くなりますよ！

夜の顔筋リフトアップ
顔筋リセット

重力の影響で垂れ下がった顔面筋を、
正しい位置にリセットします。

ポイント解説 86ページ

1

▶視線は水平に、リラックスしながら、左手の手のひらを左の頬に当て、頬骨を持ち上げるようにして、頭の重さを利用して、ゆっくりと頭を左に倒していきます。
▶右の首筋もしっかり伸ばします。

2

▶手を替えて、右側も同様に。

3

▶両手の指を組み、口の周りの力を抜いて、あごを指に軽く乗せます。
▶テーブルなどにひじをついても大丈夫です。

ココがポイント！

●背すじを伸ばして。背中が丸まらないように注意！

4

▶指先をあごに当てたまま、ゆっくりと上に伸ばして、８秒間維持します。
▶このとき、口の中では舌を上あごに当てます。
▶添えている手に、あご下の筋肉の動きが感じられます。

①

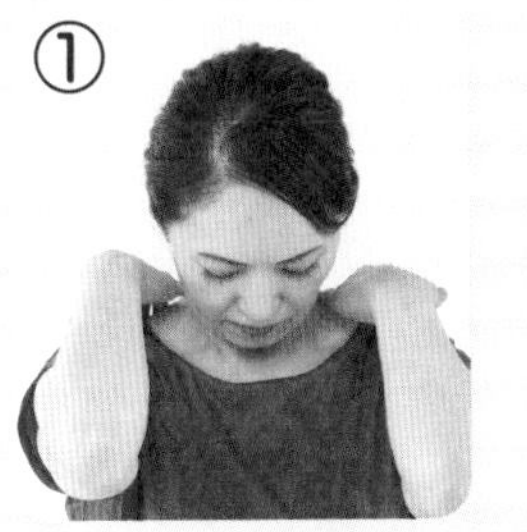

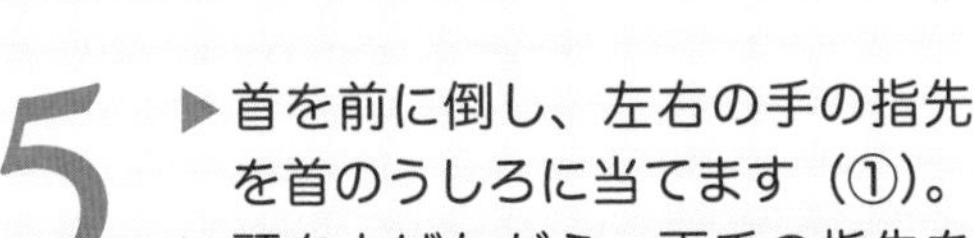

5

▶首を前に倒し、左右の手の指先を首のうしろに当てます（①）。
▶頭を上げながら、両手の指先を前に移動し、鎖骨の上（内）側をゆっくりとさする、あるいはプッシュします（②）。

②

夜の顔筋リフトアップ
眼窩プッシュ

眼窩の骨を刺激して、
目の周りの地滑りをくい止めます。

ポイント解説 86ページ

1

▶両手を握って握りこぶしをつくり、左右の親指の第一関節を、左右の眼窩の上側に押し当てて刺激します。
▶眼窩の骨のきわを、下から上に押し上げるようにします。
▶①〜⑤のポイントを３往復します。

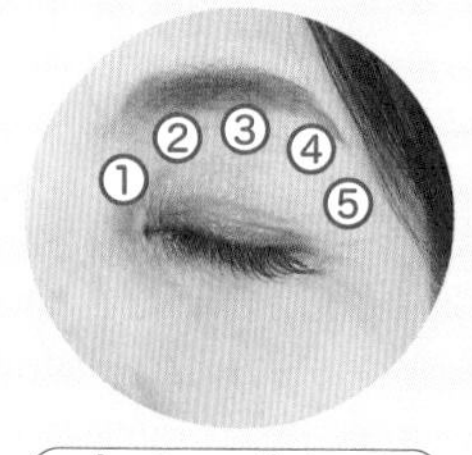

プッシュポイント

●眼球を押さないように注意！　●清潔な手指で行なってください。

2

▶左右の手の人差し指と中指を、左右の眼窩の下側に押し当てて刺激します。
▶眼窩の骨のきわを、２本の指でやさしく押しつけるようにします。
▶①〜⑤のポイントを３往復します。

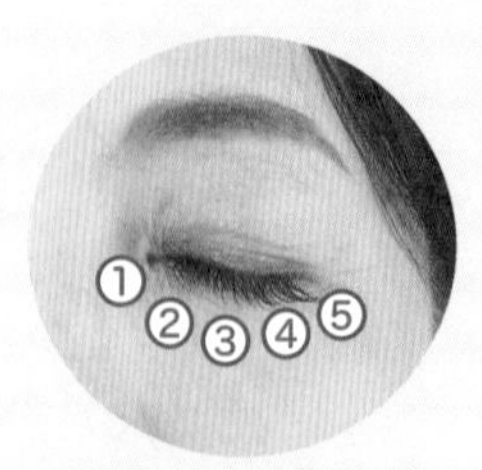

プッシュポイント

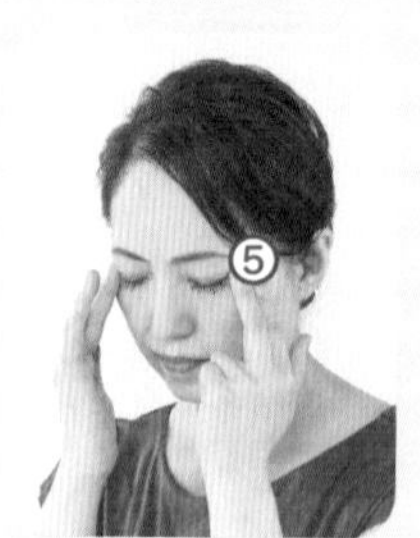

夜の顔筋リフトアップ
上下ひっぱり

顔面筋同様、1日の活動で垂れ下がった
額と鼻梁(びりょう)を引き上げます。

ポイント解説 87ページ

1 ▶片方の手の指先で、目と目の間の鼻梁をつまみ、もう片方の手のひらを額に密着させます。

2 ▶鼻梁をつまんだ指を下に、額に置いた手のひらを上の方向に動かし、眉間を伸ばすイメージで上下に引っ張ります。

▶３～４回、ゆっくり繰り返します（入浴中でも可）。

顔筋リフトアップ
PLATINUM
プラチナム

朝と夜の顔筋リフトアップに加えて、
この「プラチナム」も行なえば、まさに無敵！

ポイント解説 87ページ

ウォーミングアップ

視線は３階の高さ

1 ▶足の裏が床につくように、イスに座ります。
▶視線はやや上に（建物の３階の窓を見るイメージ）。

2 ▶背骨と腰がしっかり伸びるように上半身を前に倒して、ひざを抱えます。
▶そのまま10数えます。

3 ▶❷の姿勢のまま足首をよくもみます。

4 ▶ひざ裏に向かって手を上に移動させながら、ふくらはぎ全体をしっかりほぐします。

5 ▶ひざ裏までほぐせたら両手をひざに乗せ、上体を起こします。

6 ▶手で太ももを押しながら、首、胸、腰と順番に意識して、上体をゆっくりと起こしていきます。

▶椎骨を一つひとつ伸ばしていくイメージで。

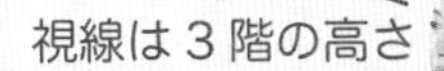

7 ▶上体を直立させ、骨盤が立って肩甲骨が寄り、おなかが引けていることを意識します。

▶視線はやや上に（建物の３階の窓を見るイメージ）。

1

▶左の口角の下に指先を当て、指の腹であごの骨を確認するように矢印の方向へ動かします。

▶顔面から指が浮いたり離れたりしないよう、しっかりと密着させて行ないます。

▶「イチ・ニ・サン」のリズムで３回繰り返します。

2

▶口を少し開けて、頬の中央あたりに指先を当て、指の腹で頬骨に当てるように矢印の方向へ動かします。

▶指をしっかりと密着させて、「イチ・ニ・サン」のリズムで３回繰り返します。

3

▶口を開けたまま少し右に向き、歯が生えている骨のふちを指でしっかりとらえます。
▶そこから骨に沿って斜めに矢印の方向へ動かします。
▶指をしっかりと密着させて、「イチ・ニ・サン」のリズムで３回繰り返します。

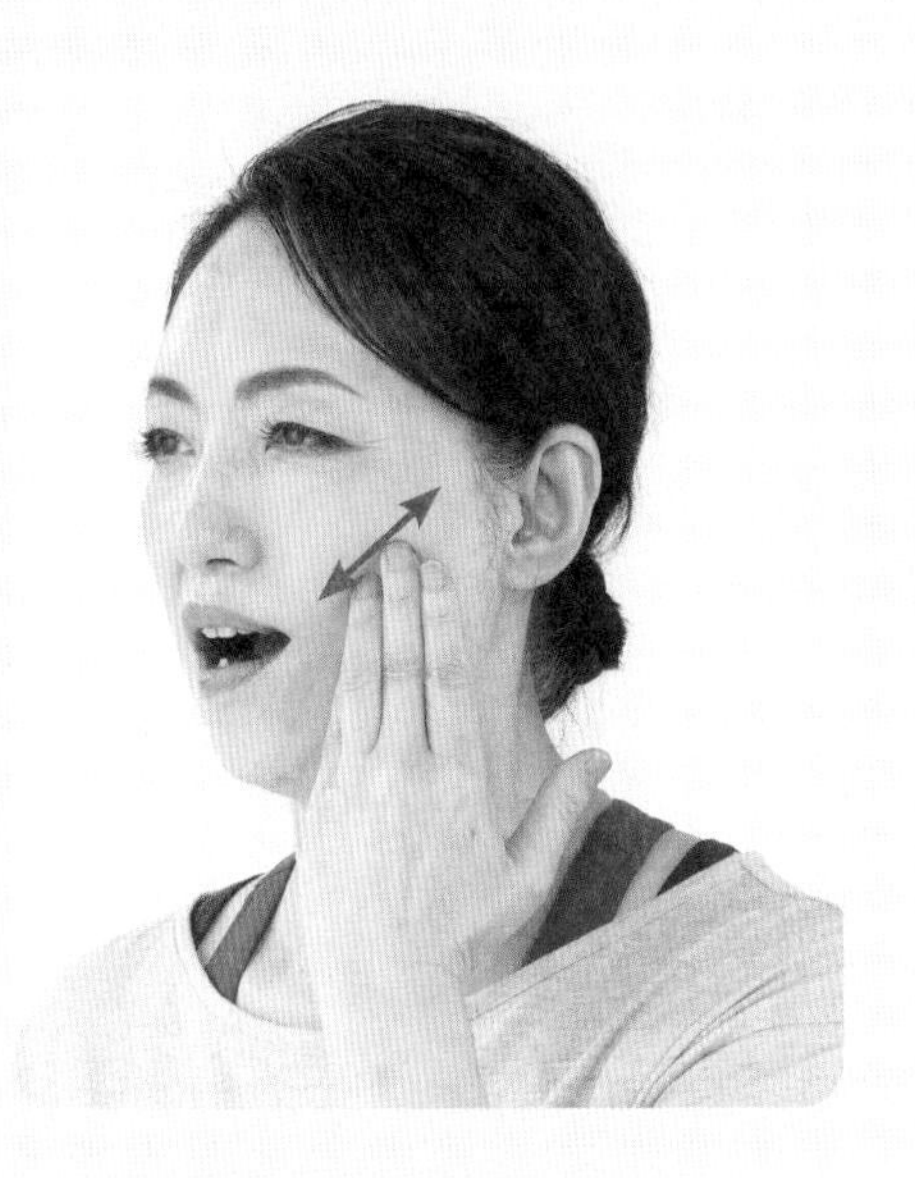

4

▶口を開けたまま、右に向いたままで、下あごのエラの付近に指を当て、耳のほうへ「イチ・ニ・サン」のリズムで動かします(①)。
▶その少し上を同様に、耳のほうへ「イチ・ニ・サン」のリズムで動かします(②)。
▶最後に頬骨の下あたりを同様に、耳のほうへ「イチ・ニ・サン」のリズムで動かします（③)。

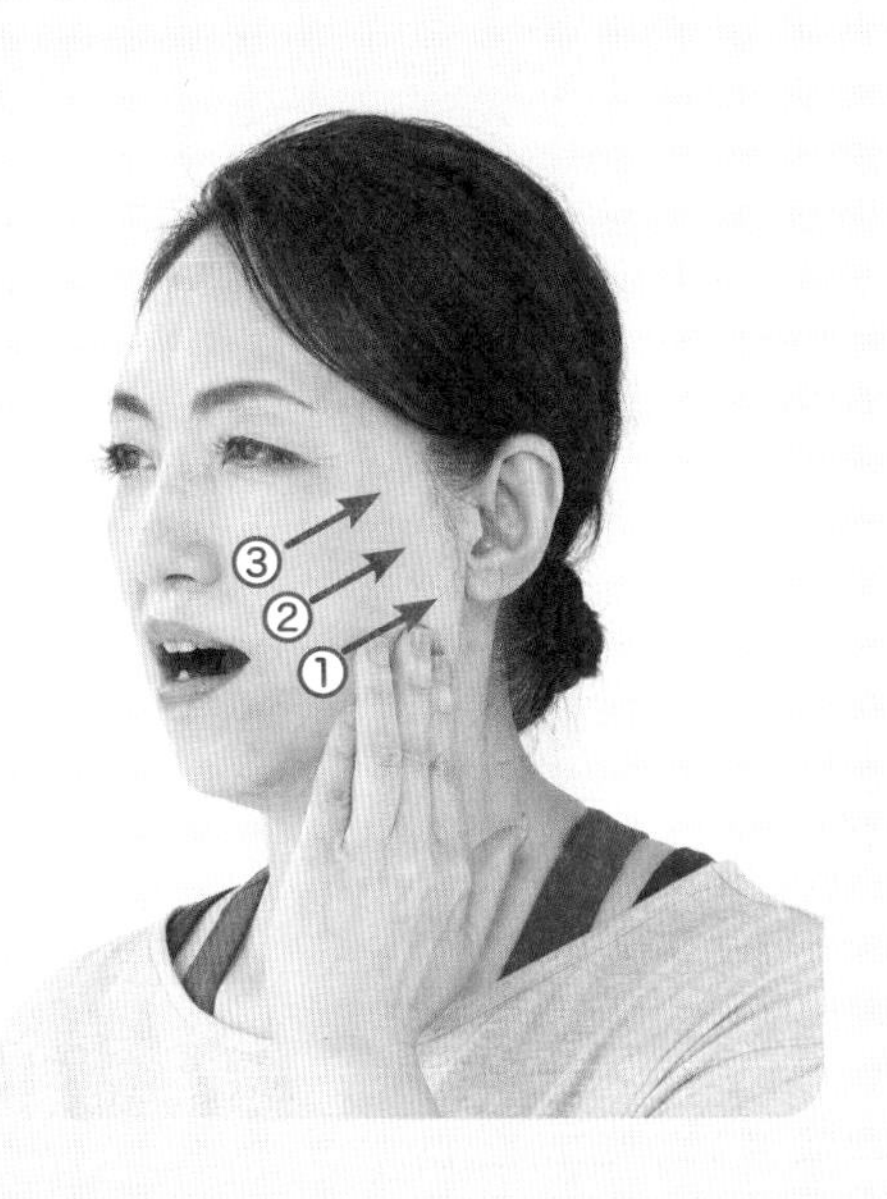

5

▶目頭の少し下（鼻梁のあたり）の骨に指を当て、「イチ・ニ・サン」のリズムで横へ動かします（①）。

▶頬骨中央のいちばん高いあたりに指を当て、目尻のほうへ「イチ・ニ・サン」のリズムで動かします（②）。

▶そのまま頬骨の最後（耳の穴の前）のほうへ「イチ・ニ・サン」のリズムで動かします（③）。

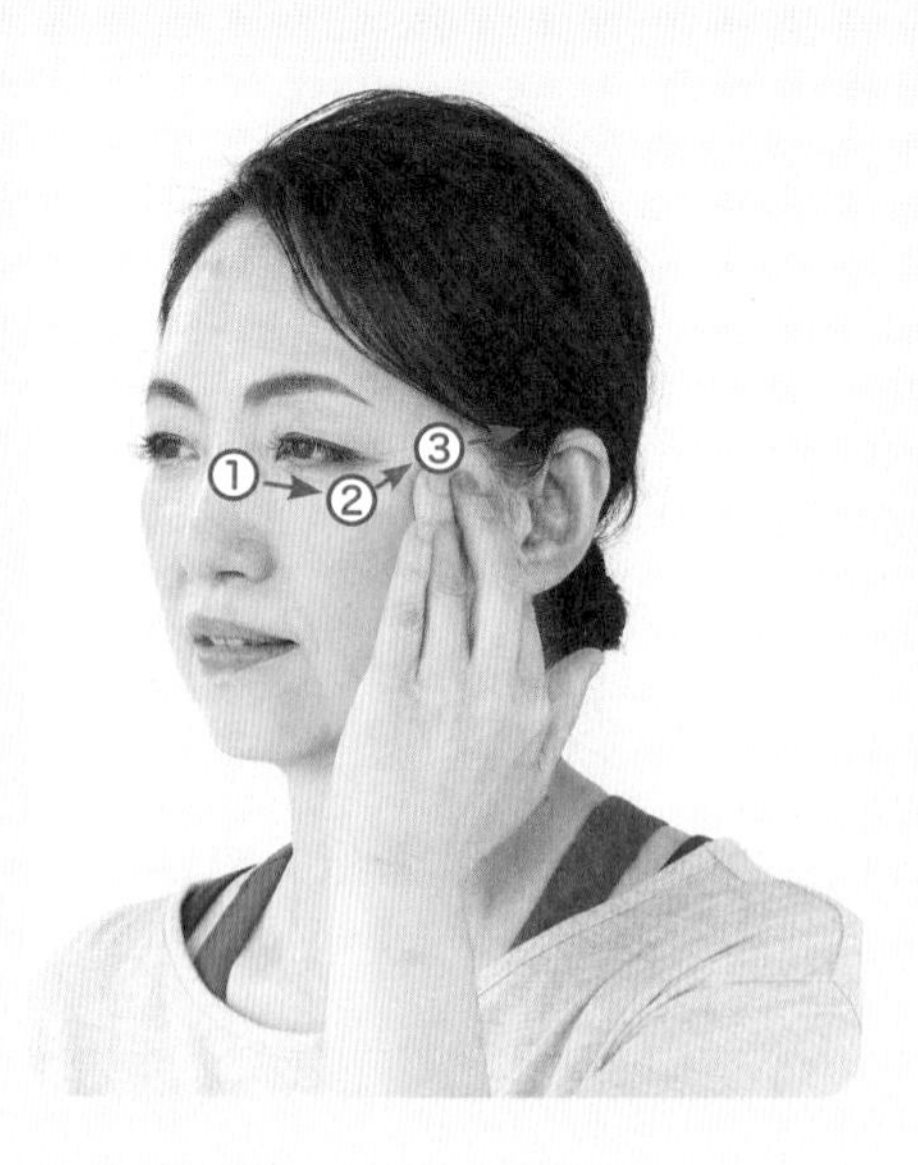

6

▶耳のうしろの骨、さらに後頭部方向に指先を当て、「イチ・ニ・サン」のリズムで矢印の方向へ３回動かします。

▶胸鎖乳突筋に指先を当て、「イチ・ニ・サン」のリズムで上から下へ３回動かします。

▶そのまま今度は「イチ・ニ・サン」のリズムで下から上へ３回動かします。

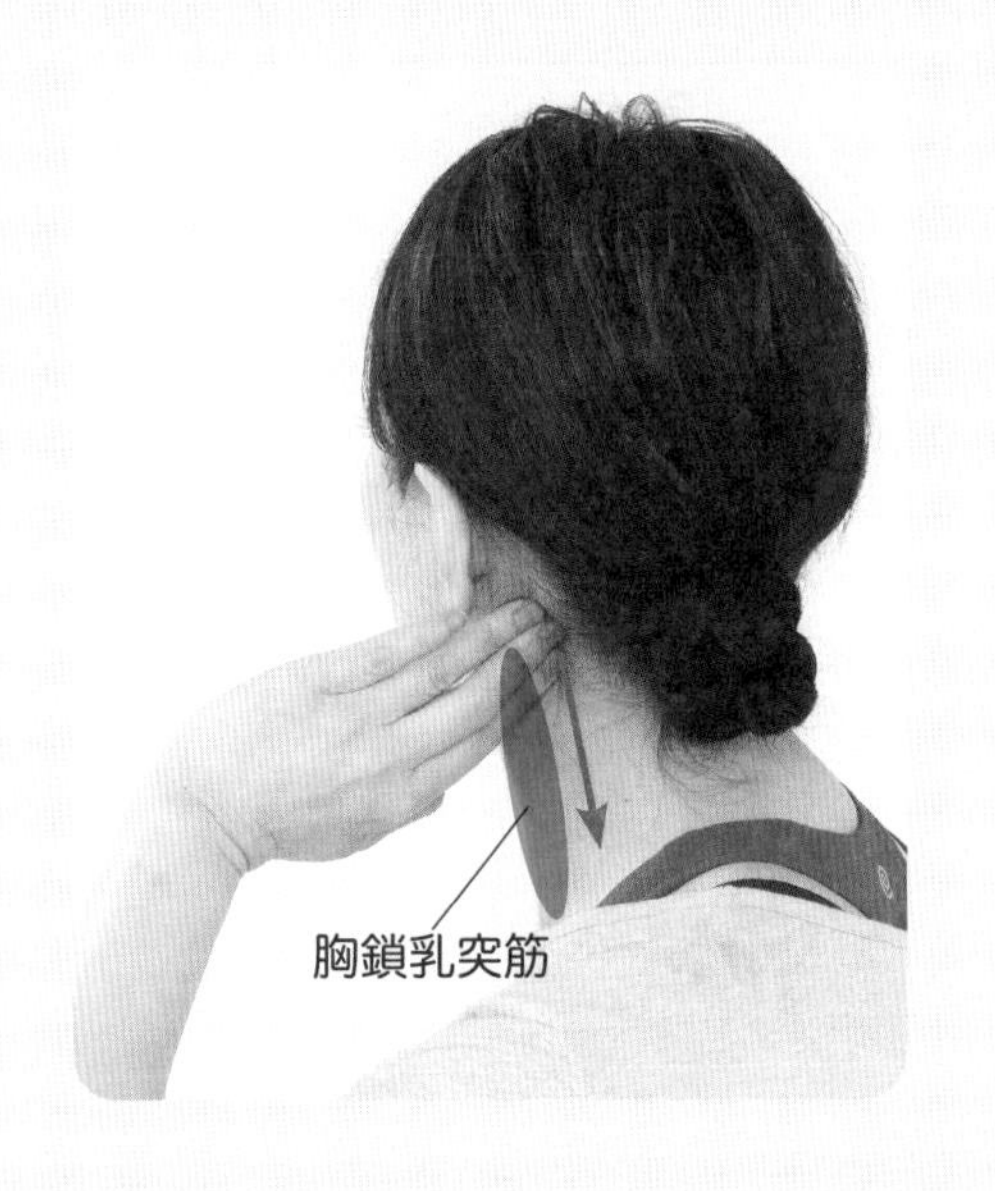

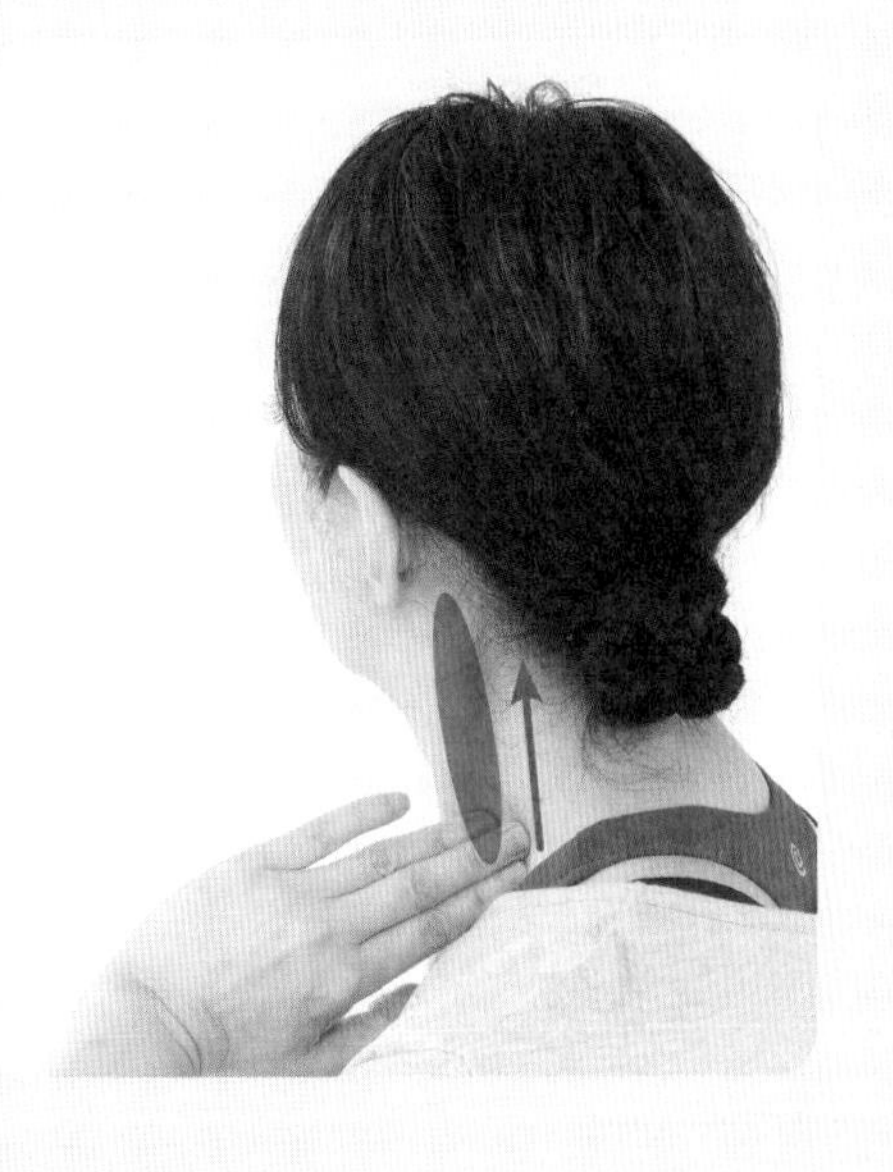

7

▶鎖骨の下側に指先を当て、肩のきわまで左右にさすります（①②）。
▶次に鎖骨の上側に指先を当て、肩のきわまで左右にさする、あるいはプッシュします（③④）。

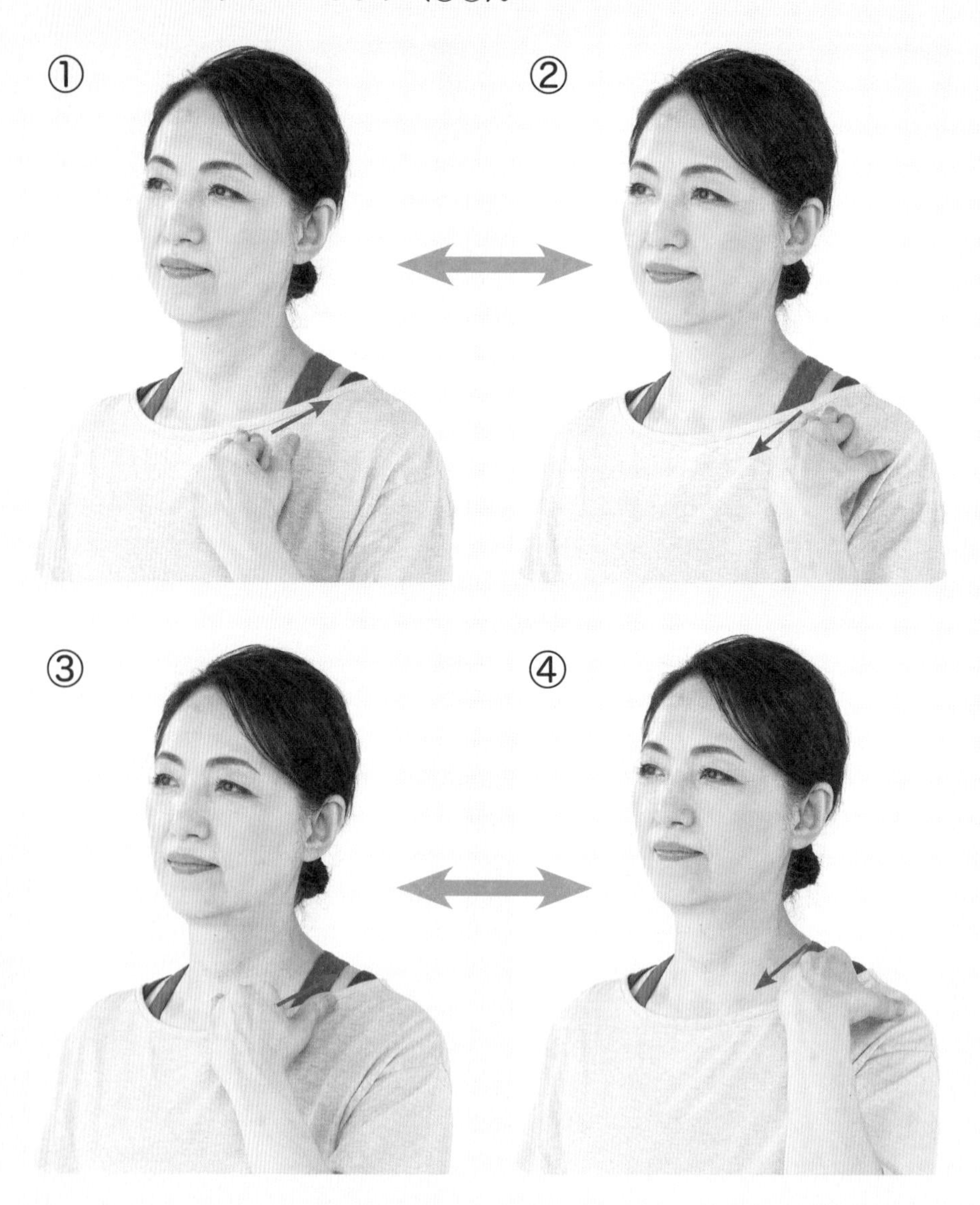

▶姿勢を戻して一度フッと息を吐いて止め、腹圧をかけます。
▶1〜8を、反対側も同様に。

もっと! 顔筋リフトアップ

かかと落とし

全身の骨にかかとから振動を入れ、
骨の老化を防ぎます。

1

①足を肩幅に開き、イスの背もたれに手を添えて立ちます。
②お尻を締めておなかをへこませ、上半身が少し上に伸びるようにし、そこから「ハーッ」と息を吐き出して、一瞬息を止めます。

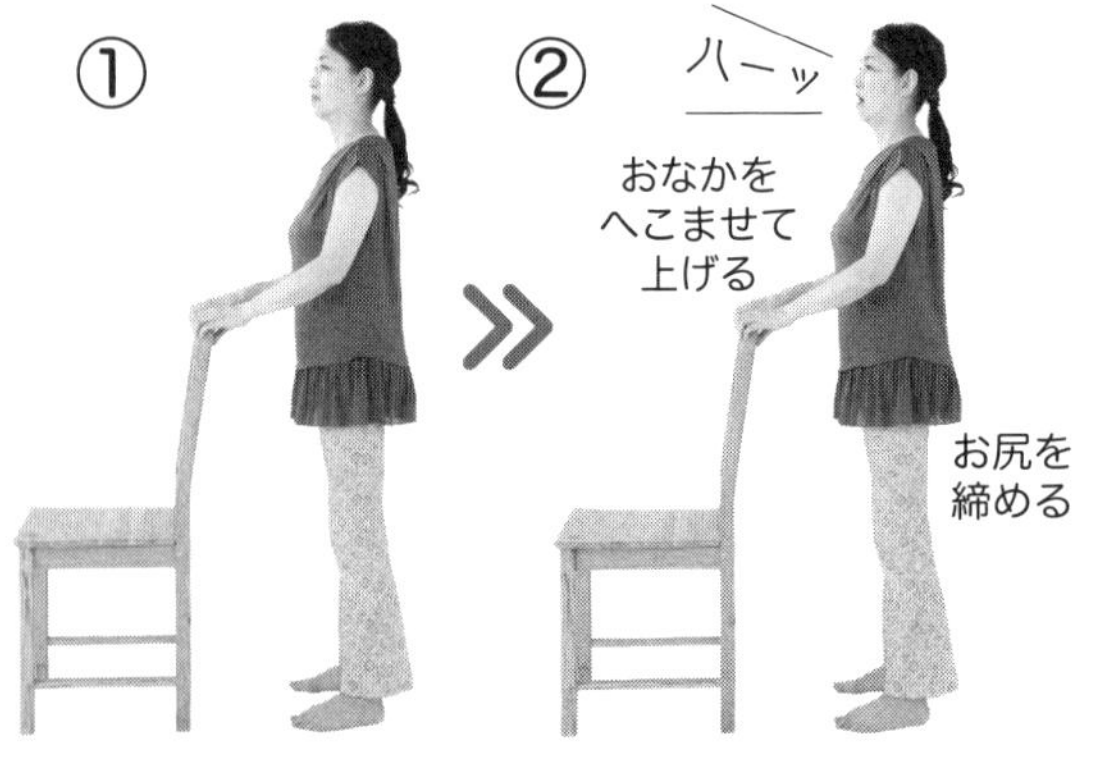

ココがポイント!

●「かかと落とし」は1日8セット(40回トントン)が目標!
*一度にではなく、1日の合計です。

2

▶1の状態のままでかかとを上げ、「イチ、ニ、サン、シ、ゴ」と声に出しながら、かかとを5回床に落とします。
▶1、2の動作を1日に8セット(合計40回のトン!)行ないましょう。
*全部を一度にではなく、時間と場所を変えて行なってください。

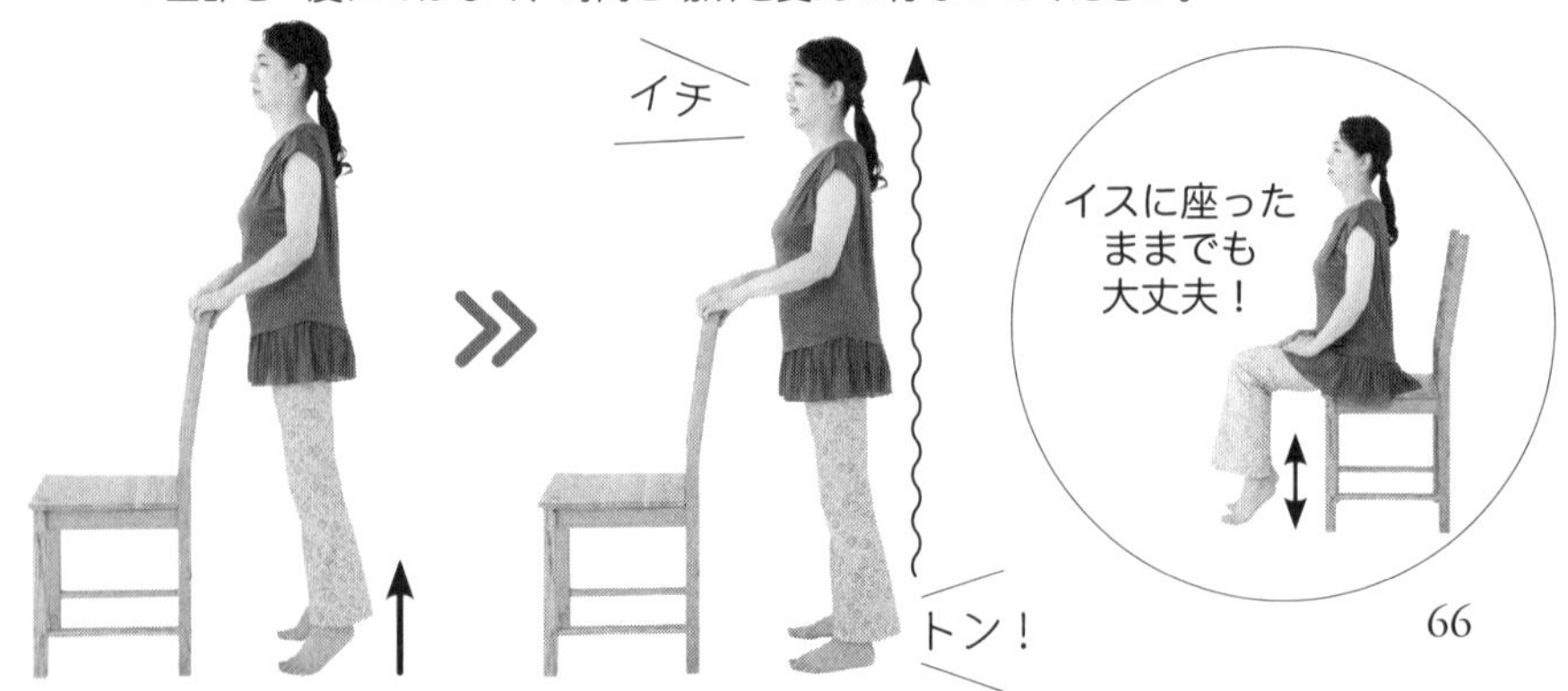

もっと！顔筋リフトアップ

スクワット

「顔面地滑り」だけでなく、
フレイル（要介護手前の状態）予防にも効果アリ！

ポイント解説 91ページ

- ▶足を肩幅程度に開いて、イスの背もたれに手を添えます。
- ▶背すじを伸ばしたまま、「ちょっとキツイな」と感じるあたりまでゆっくりと腰を落とし、また元に戻ります。
- ▶これを5～10回繰り返します（回数は体調と相談しながらで大丈夫です）。

もっと！顔筋リフトアップ

パ・タ・カ・ラ

表情筋の活性化とともに、
誤嚥予防にも役立つエクササイズです。

1

▶両手の指先をすぼめて、胸の両側で構えます（①）。
▶「パ」と声を出すと同時に、指先を開きます（②）。
▶「パ・パ・パ・パ・パ・パ・パ」と①→②を７回繰り返します。

2

▶両手の手のひらを上に向け、わき腹の高さで構えます（③）。
▶「タ」と声を出すと同時に、顔の高さあたりまで持ち上げます（④）。
▶「タ・タ・タ・タ・タ・タ・タ」と③→④を7回繰り返します。

3

▶親指を立てて両手を握り、あごの下で合わせて構えます（⑤）。
▶「カ」と声を出すと同時に、肩幅あたりまで開きます（⑥）。
▶「カ・カ・カ・カ・カ・カ・カ」と⑤→⑥を７回繰り返します。

4

▶左右の指先を、それぞれの肩に当てて構えます（⑦）。
▶「ラ」と声を出すと同時に、両手を前に出します（⑧）。
▶「ラ・ラ・ラ・ラ・ラ・ラ・ラ」と⑦→⑧を７回繰り返します。

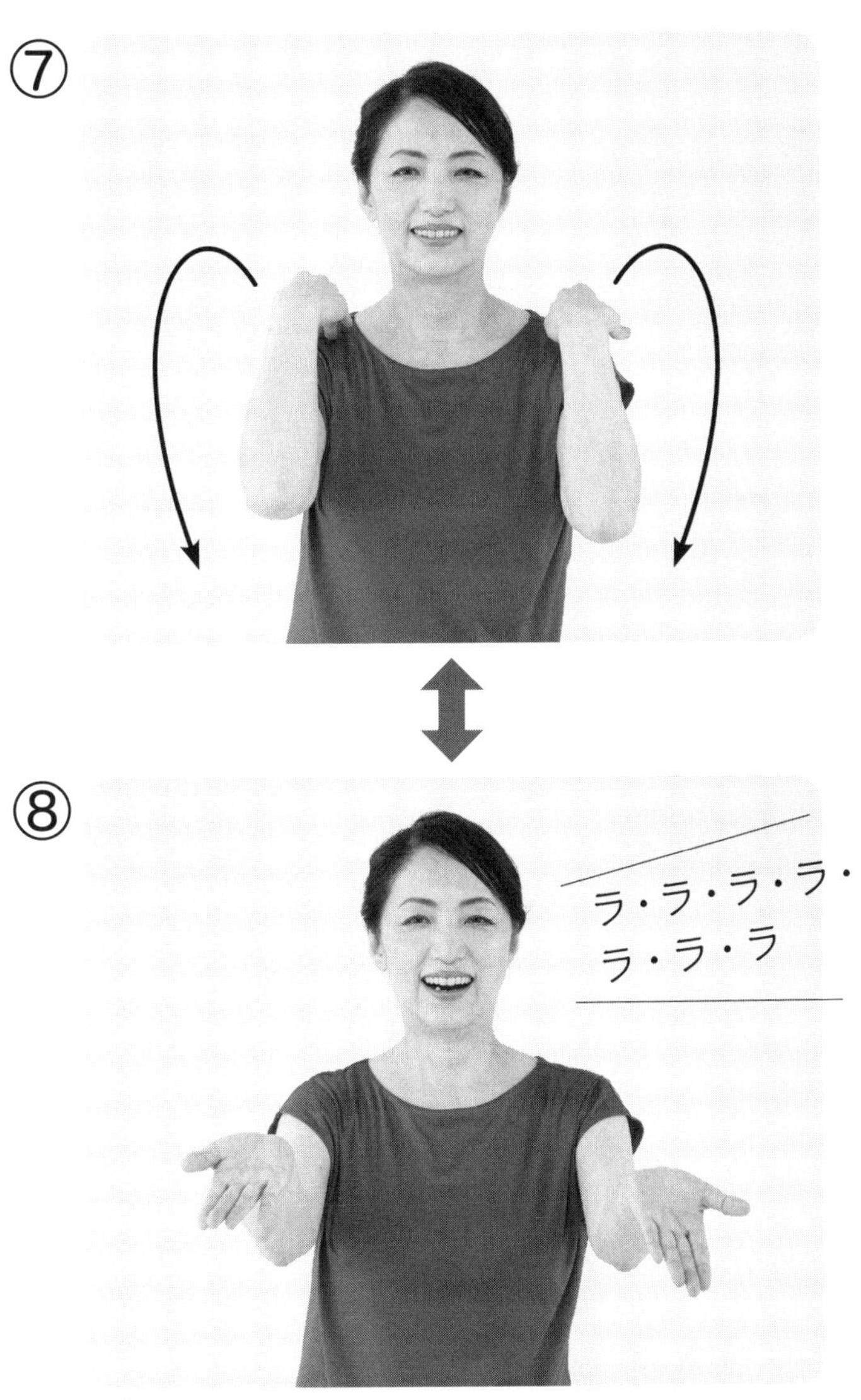

5

▶「パ・タ・カ・ラ」と声を出しながら、それぞれの動作を繰り返し（⑨→⑫）、最後に「パン・パン・パン」と3回手を叩きます（⑬）。

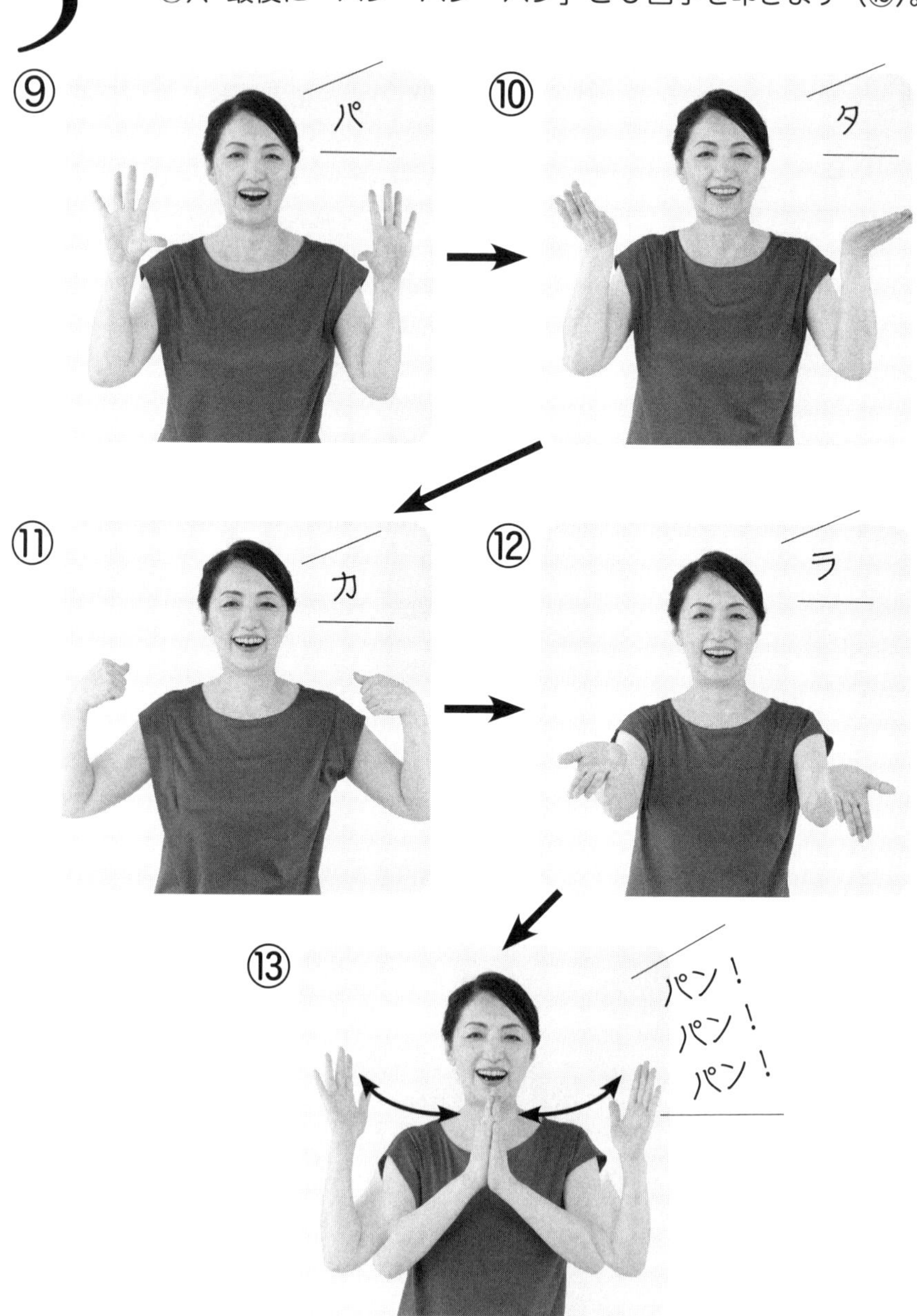

もっと! 顔筋リフトアップ

30秒フルスマイル

意識的に口角を上げてがんばることで、
表情筋の衰えを防ぎます。

1

▶上唇の山の頂点に歯ブラシを当て、水平に保ちます。

ココがポイント!

●笑顔に自信が持てるようになって、あいさつに笑顔が添えられるようになりますよ!

2

▶口をめいっぱい左右に開き、歯ブラシの線まで口角が上がるよう、しっかり引き上げます。

▶ニッコリ、フルスマイルを30秒維持します。

▶終わったら歯ブラシを置き、顔の下半分の力を抜いて鏡の前で笑ってみてください。左右の口角が同じ高さに上がり、きれいな笑顔が輝いているはずです。

もっと！ 顔筋リフトアップ

目と舌まわし

口の周りの筋肉を内側から刺激。
唾液分泌の活性化と口臭予防にも効果アリです。

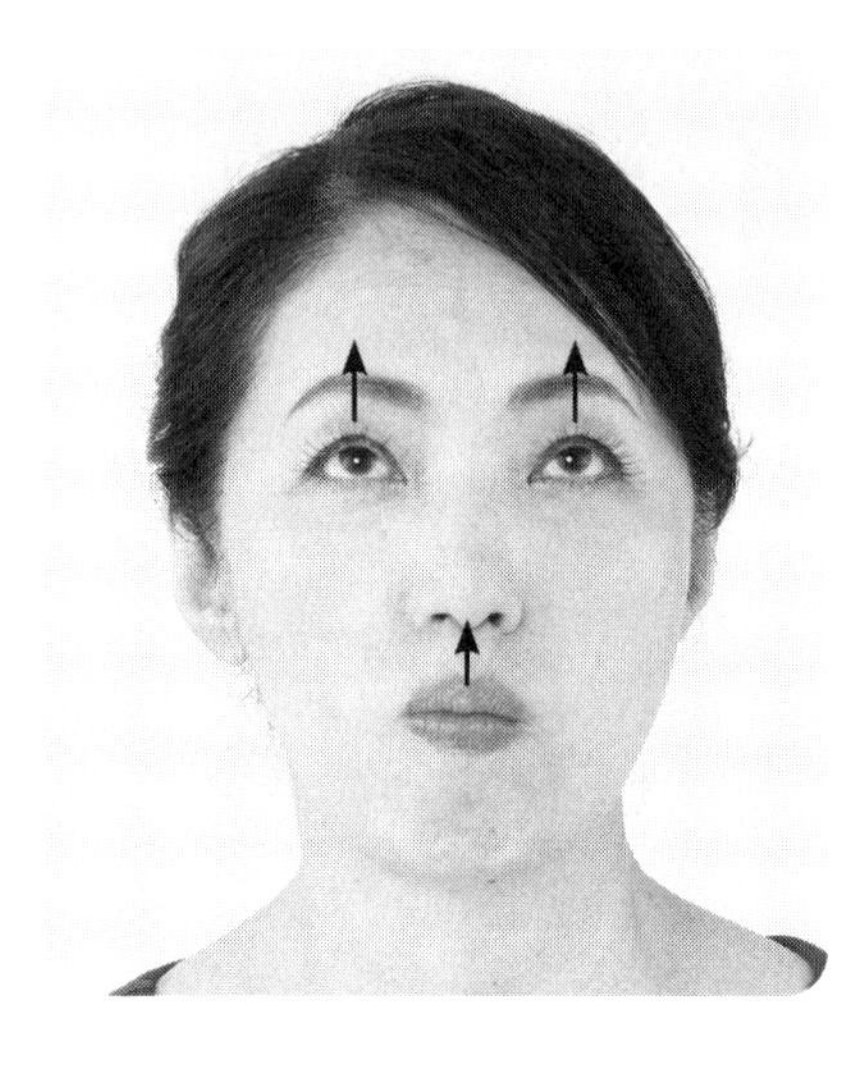

1 ▶舌の先を上唇と歯列の間に入れ、眉はできるだけ動かさず、目だけ動かして上を見ます。

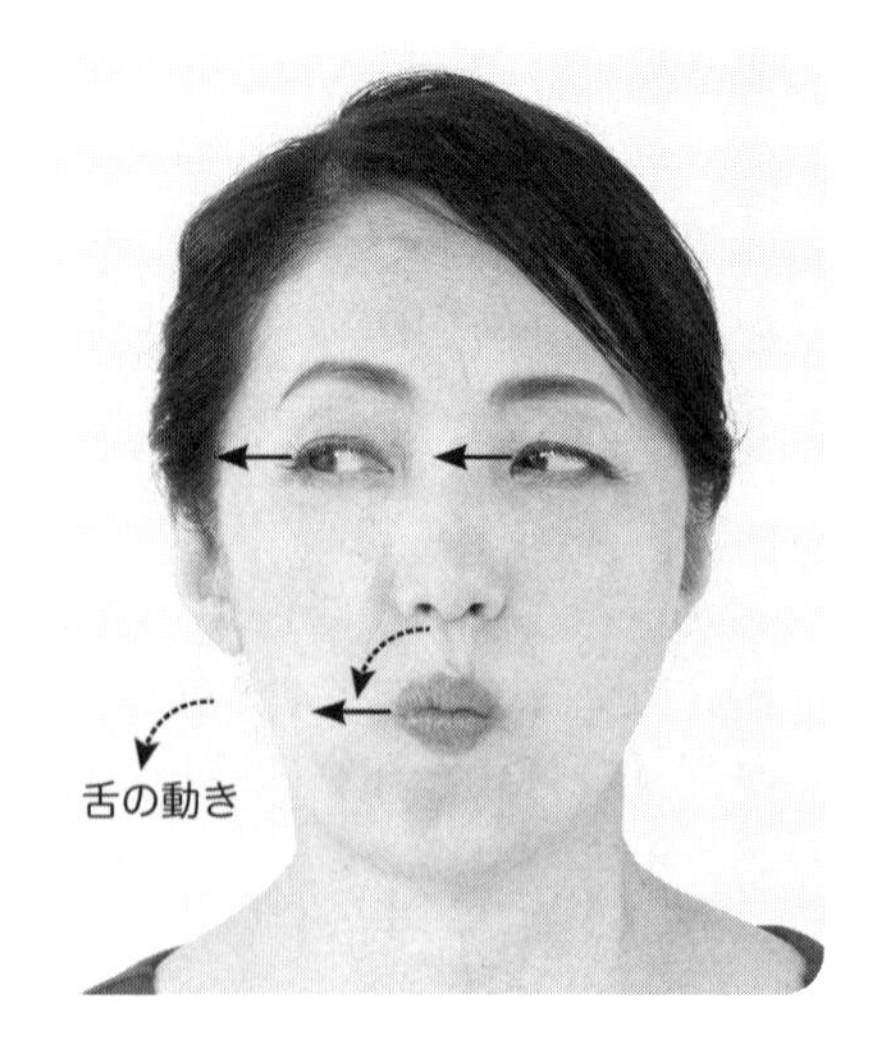

2 ▶舌と目をゆっくりと右へ動かします。
▶右のほうれい線を舌先でグッと押し上げます。

3

▶舌の先を下唇と歯列の間に動かします。
▶顔はうつむかず、目だけ動かして下を見ます。

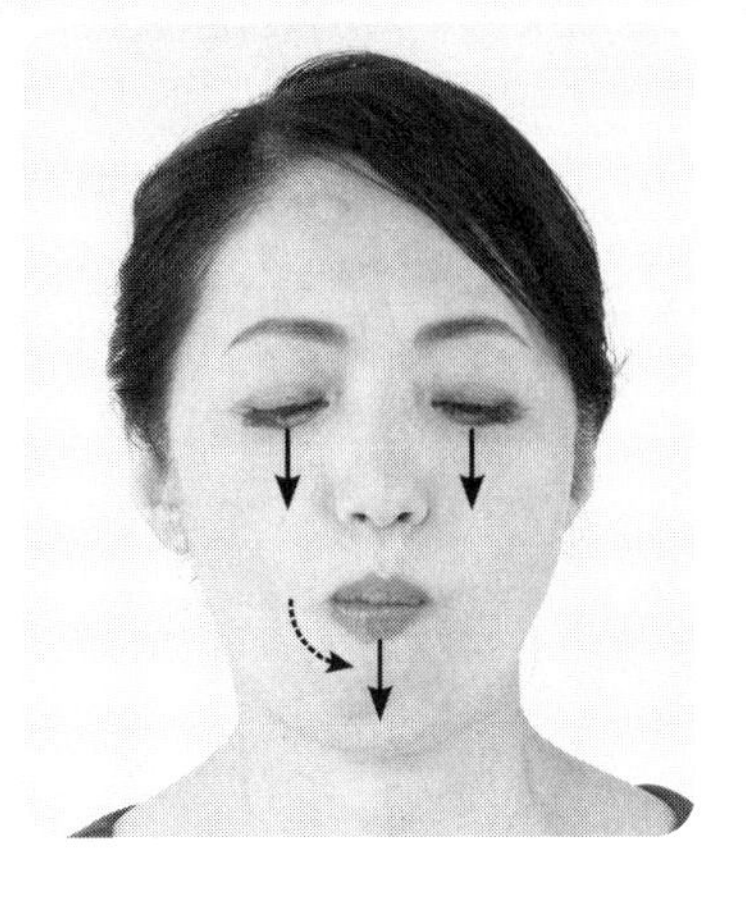

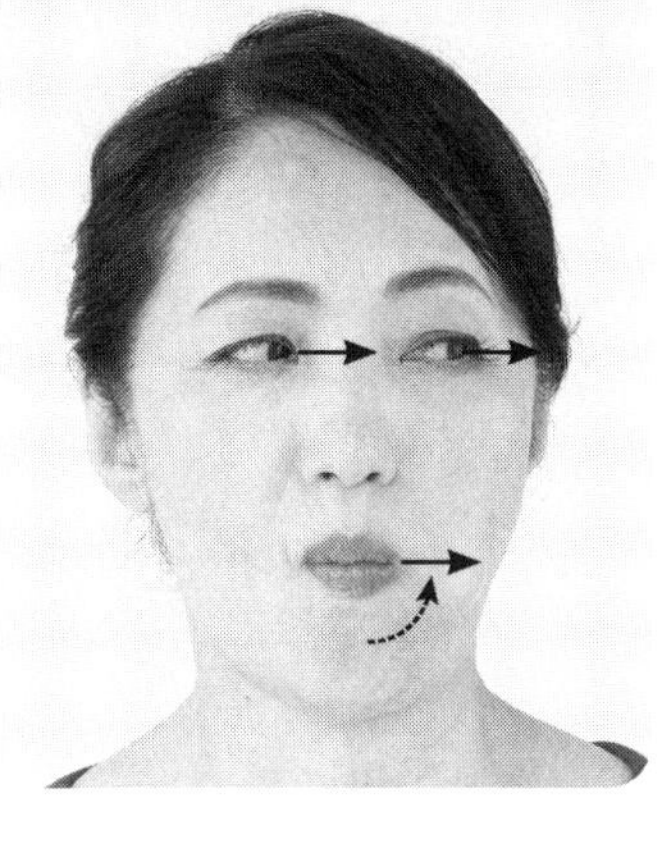

4

▶舌と目を左へ動かします。

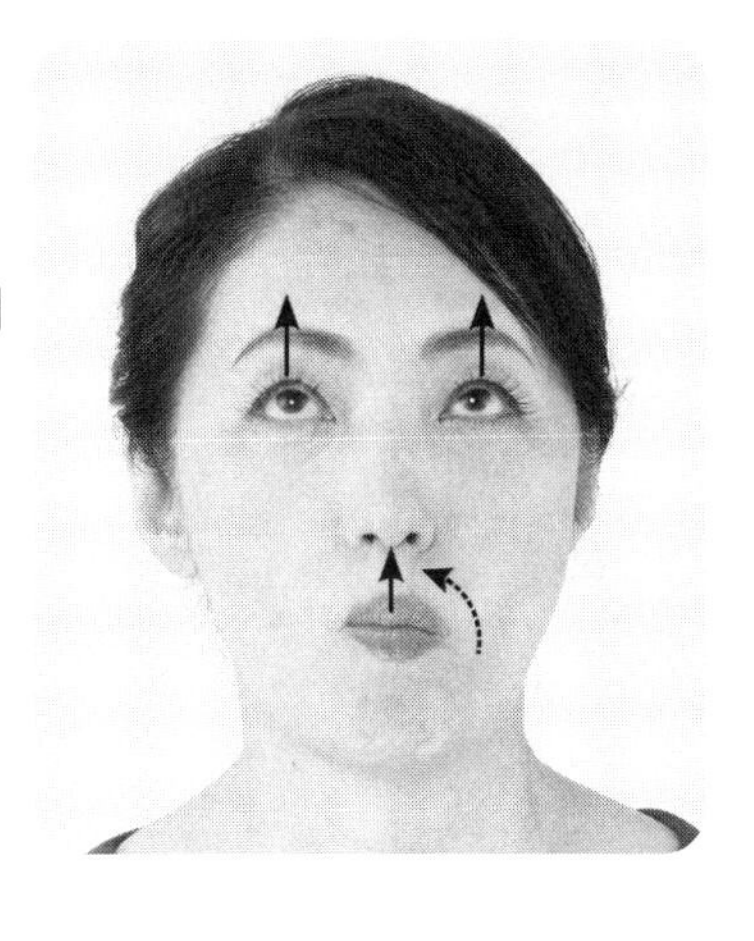

5

▶目は上、舌は上唇と歯列の間へ動かします。
▶左のほうれい線を舌先でグッと押し上げます。
▶ 1～5を３回繰り返します。

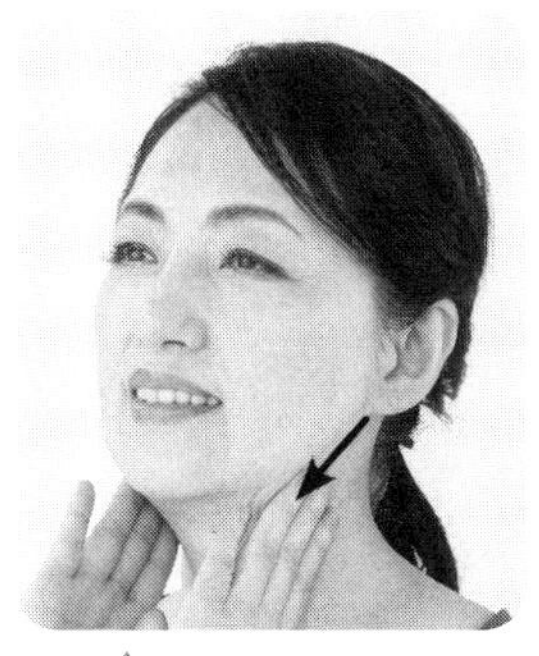

6

▶３周したら、両手の指先を下あごの下に当ててやさしくさすり、舌の筋肉を労りましょう。

もっと！顔筋リフトアップ

かむかむエクササイズ

ポイント解説 95ページ

咀嚼筋を鍛えるとともに、頭蓋骨に振動を与えて
「顔面地滑り」を予防します。

いただきまーす

1

▶お尻にキュッと力を入れながら脇を締め、骨盤を起こしてイスに座ります。

①

かかとを
上げる

②

2

▶食べ物を口に入れて、両足のかかとを上げます（①）。
▶左側の歯でゆっくりと5回噛みます（②）。

3

▶5回噛んだら、かかとを下ろし、口の中の食べ物を舌を使って右側へ寄せます。

4

▶左側と同様に、両足のかかとを上げて、右側の歯でゆっくりと5回噛みます。
▶左右で合計30回噛んだら、ゴックンと飲み込みます。
▶意識して飲み込むことで、嚥下機能の向上にも役立ちます。

もっと！ 顔筋リフトアップ

カチカチエクササイズ

ポイント解説 96ページ

歯をカチカチと噛み合わせるだけでも、
あごの筋肉は鍛えられます！

1

▶目を閉じて眼球をゆっくりと右に寄せ（右耳を見るイメージ）、カチカチと音が出るくらい歯を噛み合わせます。
▶ 9回、カチカチします。

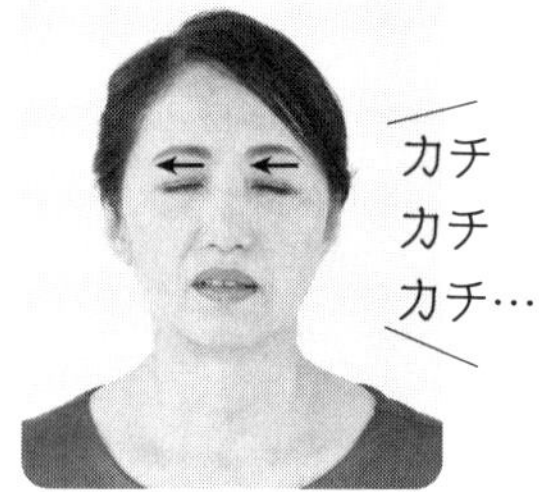

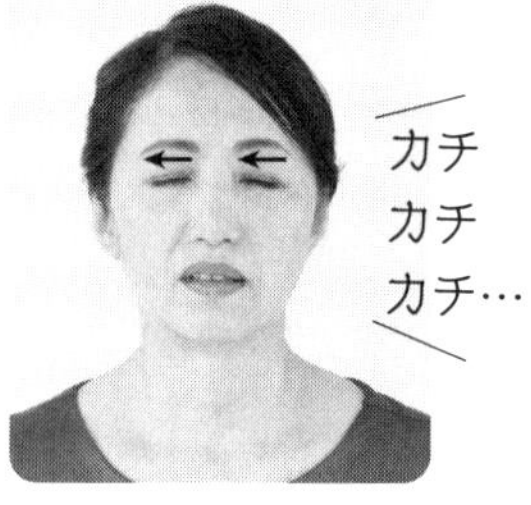

2

▶目を閉じて眼球をゆっくりと左に寄せ（左耳を見るイメージ）、カチカチと音が出るくらい歯を噛み合わせます。
▶同じく9回、カチカチします。

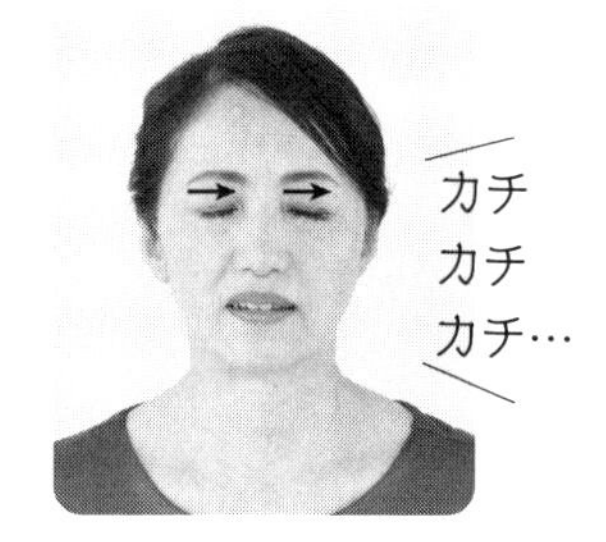

3

▶目を閉じて眼球をゆっくりと上に向け（額の生え際を見るイメージ）、カチカチと音が出るくらい歯を噛み合わせます。
▶同じく9回、カチカチします。

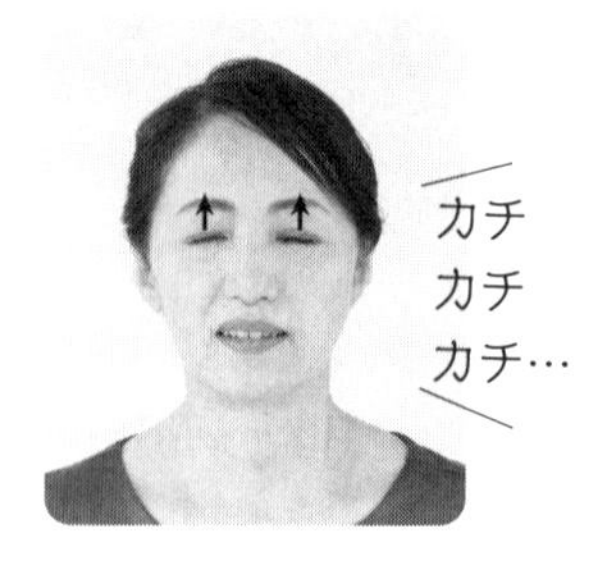

4

▶目を閉じて眼球をゆっくりと下に向け（歯を見るイメージ）、カチカチと音が出るくらい歯を噛み合わせます。
▶同じく9回、カチカチします。

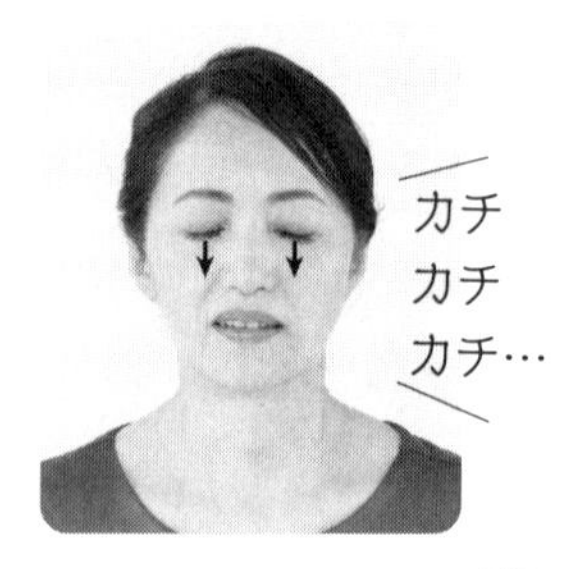

宝田式 顔筋リフトアップ もっと知っておいていただきたいこと

ここまでに紹介してきた「朝・夜の顔筋リフトアップ」「顔筋リフトアップ PLATINUM」「もっと！ 顔筋リフトアップ」は、ただ漫然と行なっていても、「それなり」の効果は得られるはずですが、さらにその上で、「この動作にはどういう意味があるのか？」「どの筋肉にアプローチしているのか？」といったことも知っておいていただくと、その効果・効能は、最大限にまで発揮されます。

それぞれのエクササイズのポイントをまとめますので、内容を理解した上で、毎日の実践に励んでください。

目覚めの全身のばし ……➔ 40ページ

ゆっくりとバンザイをするのは、寝返りがスムーズに行なえるようにするためです。

私たちは、スマートフォン（スマホ）やパソコンの使いすぎで胸椎が凝り固まっており、寝返りが打ちにくくなっています。

寝返りは、何気ない動きのようで、実は睡眠中の血液やリンパの流れを促し、体のバランスを整える役割を担っています。椎骨（背骨）の間を一つひとつ伸ばすように、ゆっくりとバンザイをしてください。

日中、背骨は常に緊張を強いられているのですが、そのダメージをいちばん受けているのが、おへその裏にある腰椎です。腰椎をほぐすことで、下垂していた内臓が引き上がり、おなかまわりの血流もアップします。

また、腰を浮かせて10回程度、左右に揺らすことで、腸腰筋、大腰筋がほぐれて動きやすくなります。

咀嚼筋である咬筋の筋膜とつながっている笑筋を動かし、次に、主に咬筋を動かします。寝ている間に食いしばったり、歯ぎしりをしたりするのが常態化すると、過緊張で筋肉が硬くなるので、それらをほぐしてゆるめます。

口を開けたり笑ったりすると、顎まわりが軽く、動きやすくなっているのが実感できます。

壁でひざ裏のばし　……→42ページ

ひざの裏とふくらはぎのストレッチです。

ポイントは、腰を前方に押し出すこと。そうすると、背中からかかとまでが、より一直線になり、ひざのうしろがよく伸びて、気持ちが良いはずです。

歩いているときや体を移動するとき、片ひざには体重の数倍の負荷がかかると言われています。このエクササイズで、朝からフットワーク軽く、1日を始動できます。

フーッと深呼吸　……→43ページ

心肺機能を向上させてエネルギー代謝効率を上げ、心身の活動を活発にすると同時に、副交感神経を優位にしてストレスを解消。精神状態を安定させます。

いつでもできて、効果抜群です。呼吸が浅くなると、肺に充分な酸素を取り込む能力が落ちてしまいます。その結果、体のエネルギー代謝効率が悪化し、心肺機能が低下。脳の働きも低下します。すると、集中力や感動する力、深く考える能力も薄れてしまいます。

この、口を細く開けて「フーッと深呼吸」することが身につくと、姿勢が整い、リラックス状態が持続します。また、口を閉じているとき、上下の歯と歯の間にいつも2～3ミリのすき間が空くようになり（安静時空隙（くうげき））、口腔環境も良化します。

鎖骨スリスリ

……→44ページ

鎖骨まわりのリンパを流すことが目的です。

足や顔のむくみは、老廃物を流すリンパの滞りが原因。顔のむくみを、水分の摂りすぎと考えている方が多いのですが、それは正しくありません。

リンパ管は、数本ずつが「リンパ節（せつ）」という部分で合流しながら太くなります。このリンパ節がたくさんあるのが、首と太もものつけ根です。

リンパは最終的に静脈に取り込まれ、水分や老廃物は尿として体外に排出されます。リンパ管はいわば「排水管」の役割を担っていると言えます。

あごプッシュ

……→45ページ

「鎖骨スリスリ」でも説明しましたが、リンパ節がたくさんある部位のひとつが首。ここのメンテナンスを、じっくりと行なうことが大切です。

ポイントは、あごに沿って耳元まで指を到達させること。ここまで来ると、胸鎖乳突筋（胸骨、鎖骨と耳のうしろにある乳様突起、およびそこから後方4、5センチ付近の上項線を結ぶ筋肉）の停止部に接します。

耳を回すことで、咀嚼筋である側頭筋をほぐすことができます。

側頭筋は下顎骨を挙上する作用、後部筋束のみは下顎骨を後方へ引っ張る作用があります。

首すじには広頸筋があり、左右の鎖骨部から起こり、上方に向かって顎下、一部は頬骨にまで広がってついています。

表層の薄い筋肉をほぐしていきます。

頬骨プッシュ ……48ページ

口角の上方にある筋群（大頬骨筋、小頬骨筋、上唇挙筋、上唇鼻翼挙筋）をプッシュします。このラインには、顔面静脈が網目のように集まっています。

上下ひっぱり（朝） ……50ページ

眼裂周囲には、大小さまざまな薄い筋肉の集団（眼裂の周囲を囲む眼輪筋と眉毛下制筋、鼻根筋、皺眉筋、鼻筋、鼻中隔下制筋）が、互いに交じり合って存在しています。「上下ひっぱり」は、それら筋肉群に的確にアプローチしていくものです。

深呼吸でリラックス ……51ページ

夜はまず、深呼吸でリラックスします。目的は、疲れない姿勢に戻すこと、心肺機能を強化することです。

まずは胸郭が充分に開くようにして、肺に空気を入れます。吸い込んだあとは、頭は自然と上半身の上に乗り、視線は建物の3階の窓を見ているくらいまで上がってきます。1分間に6回以下が深呼吸ですから（126ページ参照）、5分程度行なうと、30回深く呼吸できます。

ちなみに、私が深呼吸に強いこだわりを持っているのは、長女の出産時、胎児（長女）の心音の乱れが、深呼吸を行なうことで正常に戻った経験が、大きく影響しています。

ふくらはぎはじき

……52ページ

日中、二足で立ち続けている私たちの血液は、重力の影響でどうしても下のほうに滞りがちになり、朝とは違って、むくみは足に出ていますから、滞留した血液やリンパを、就寝前にしっかりと流しておきたいものです。

入浴中に行なっても、気持ちが良いものです。

顔筋リセット ……→54ページ

顔面の起伏を等高線で可視化し、変動の推移を解析したデータがあるのですが、それによると、1日の中では夕方から夜になればなるほど、1週間では週末になればなるほど、顔面の下垂が顕著になる傾向があるのだそうです。

1日の終わりに、その日に下垂した分を引き上げて、しっかりリセットしておきましょう。

眼窩プッシュ ……→56ページ

眼輪筋は、眼裂の周囲をリング状に囲んでいます。内眼角（ないがんかく）の骨部、ならびに靭帯から起こり、外眼角（がいがんかく）の皮膚、周囲の筋肉と交じり合い、眼窩部の皮膚で停止します。

骨部や靭帯についているところを、意識的にプッシュしていきます。

上下ひっぱり（夜）……↓57ページ

咀嚼圧が眼窩の外形に影響するという実験報告があります。その結果として、鼻根部が幅広くなり、眼窩はナス形のサングラスのような形になります。

まぶたがたるむ原因である「額の筋肉の緊張」と「目の周りの筋肉の硬直」をほぐします。このエクササイズを行なったあとは、目が楽になり、開眼しやすいのが実感できると思います。ホットタオルなどで目を温めてから行なうと、血行が促進され、さらに効果が期待できます。

顔筋リフトアップPLATINUM……↓58ページ

ウォーミングアップは、リンパ節が集まる太ももの付け根を刺激し、全身の血流を促し、さらには、姿勢を整えることが目的です。この動きを終えたあとは、座ったときに坐骨が座面に適切に接するようになります。骨盤がゆがんだ状態で座り続けると、内臓の働きが低下します。

　ちなみに、私の知人があるとき、だらしない姿勢で座りながら食事を摂っていて誤嚥（ごえん）を起こしてしまいました。そのときは事なきを得たのですが、その後しばらく、強い頭痛に悩まされ、挙句の果てには、脳の精密検査にまでかかることに……（幸い異常はありませんでした）。

　正しい座り方がいつもできるためにも、このウォーミングアップは大切です。

　ウォーミングアップのあとは、骨についている筋肉をとらえていきます。顔面筋には表情筋と咀嚼筋が付着しています。２つの筋の違いは、表情筋は骨から起こり皮膚に停止し、咀嚼筋は骨から起こり骨につくという点です。
1　歯がない赤ちゃんが母乳やミルクを吸うときには、口輪筋とその周りの筋肉をめいっぱい使っています。歯が生えてくると咀嚼筋を使うので、口の周り、下唇の下の筋肉はあまり動かしません。ちなみに1の手の位置のまま吸う動作をしてみてください。指の下の筋肉がよく動くのがわかりますか？　次に、噛む動作をすると、動かないのがよくわかります。動かしている筋肉は口輪筋、下唇下制筋、オトガイ筋、口角下制筋（こうかくかせいきん）、広頸筋です。

2で動かしている筋肉は頬筋、広頸筋。3で動かしている筋肉は笑筋、咬筋筋膜。4で動かしている筋肉は咬筋、笑筋、広頸筋。5で動かしている筋肉は上唇鼻翼挙筋、上唇挙筋、小頬骨筋、大頬骨筋です。

6 指先の位置は、胸鎖乳突筋停止部後縁と僧帽筋起始部前縁に該当し、この領域に複数のリンパ節があります。後頭部の神経痛がこの領域のリンパ節が原因とも言われているので、意識して動かしましょう。

7・8 終了したら鏡を覗いてみてください。顔の印象がスッキリしているはずです。

かかと落とし

……66ページ

これは「スペシャルかかと落とし」と言っても過言ではありません。というのも、骨盤底筋のスペシャリスト、女性医療クリニックLUNAグループの関口由紀先生に教えていただいたものだからです。

骨盤底筋運動に、かかと落としを合わせたものですが、私はこれを「関口式骨盤底筋運動かかと落とし」と呼んでいます。

かかと落としは、運動不足に陥りがちな中高年世代の方々にこそ、行なっていただきたいものです。かかとの局所的な刺激が全身をめぐって骨を丈夫にし、血中を流れる「オステオカルシン」の量が増えます。

骨を構成する成分は、ヒドロキシアパタイトが7割、骨基質たんぱく質が2割強、残り1割弱が水分で、たんぱく質の中にオステオカルシンという物質が含まれています。

オステオカルシンには、筋肉量を増やすほか、皮膚に働きかけて肌状態をよくしたり、膵臓(すいぞう)に働きかけてインスリンの分泌を適正化して血糖値をコントロールしたり、内臓脂肪に働きかけて中性脂肪を分解して肥満を抑制したりといった、内臓機能を支えるさまざまな役割があります。したがって、オステオカルシンを増やすということは、骨量、骨密度を高めることであり、それが、全身の健康につながるということになります。

関口式骨盤底筋運動は、尿漏れ予防にも効果テキメンです。

多くの中高年世代の方々が、常に「漏れるかも……」という不安を抱えながら過ごしているのは、骨盤底筋群がゆるんでいるからです。

この「かかと落とし」で良い方向に変化してきた患者さんも、数多くいらっしゃいます。私も、毎日欠かさず行なっています。

スクワット……67ページ

筋肉には、白筋（速筋線維）と赤筋（遅筋線維）があります。より多くの糖を消費するのは赤筋であり、赤筋が多いのは、太もも周りを含めた下半身です。20歳の頃、白筋と赤筋は半々ですが、50歳以降になると徐々に白筋が赤筋に変わっていきます。

50歳からのスクワットは、糖尿病予防にもとても有効と言えます。食事をして糖分が体内に入ると、肝臓や筋肉、脂肪細胞それぞれが、糖を取り込もうとします。それを適宜振り分ける役目を担うのが、インスリンというホルモンです。

スクワットをして筋肉を動かしていると、糖分をまず筋肉に向かわせることができます。ということは、50歳からは食後にスクワットをすると血糖値の急上昇が抑えられ、脂肪細胞に取り込まれる糖分が減って、肥満も防げるのです。

パ・タ・カ・ラ ……→68ページ

□飲み物や汁物でむせる。
□飲み下しにくい。
□固いものが食べにくい。
□いつも口が渇く。
□口臭が気になる。

このうち、該当する項目がひとつでもあったら、「健口体操」をおすすめします。

「健口体操」は口内を清潔に保ち、誤嚥を予防するための体操で、私の医院のある東京都江戸川区の歯科医師会が、その普及に努めているものです（江戸川区以外にも、さまざまな自治体や機関によるものがあります）。ここでは、その中のひとつである「パタカラ体操」をアレンジしています。

パ、タ、カ、ラの音は、6歳までに「構音（こうおん）」として自然に完成します。しかし、60歳くらいから、筋力の低下によって構音が不明瞭になってきます。すると、相手に話がうまく通じなかったり、聞き返されたりすることが多くなってきます。

この状態を私たち歯科医は「低位舌（ていいぜつ）」と呼び、歯科においては「オーラルフレイル（口腔機能の衰え）」のいちばんの指標となります。

舌が下がってくると気道が狭くなり、嚥下（えんげ）が正常にできなくなります。低位舌の予防としては、上顎のほうに舌が上がってくるようにする「パ・タ・カ・ラ」のような構音トレーニングが効果的です。また、同時に手も動かすことで、コグニサイズ（認知症予防運動）の要素も充足できます。

30秒フルスマイル ……→73ページ

「笑顔」は、人間にしかできない表情のひとつと言われています。動物や爬虫類（はちゅうるい）の笑顔って、たしかに見たことないですよね。

ちなみに、頬から唇（表情筋）は、母乳を飲むために哺乳類が進化の過程で獲得した構造物であると考えられます。乳房や哺乳瓶から乳を吸い出し、こぼすことなく飲むことができるのは、唇の構造と表情筋のおかげです。

表情筋という呼び方ではありますが、表情の創出を第一義に進化したわけではなく、結果的に表情をつくることができるようになったと言うことができます。

鎖骨、第一・第二肋骨（ろっこつ）のあたりから首を越えて、口角の横、あるいは頬骨付近にまでついているのが広頸筋ですが、広頸筋の解剖学的作用は、「口角を下に引くこと」です。つまり、下に引っ張ることが、自然な働きというわけです。

したがって、何もせずに年齢を重ねていくと、均衡を保つ筋力が衰えて口角はどんどんと下がり、いわゆる「への字」の口元になってしまいます。

毎日30秒間、口角をめいっぱい引き上げておきましょう。

目と舌まわし ……▶ 74ページ

顔面の筋肉の中で、リング状の筋肉が眼輪筋（がんりんきん）と口輪筋（こうりんきん）です。眼輪筋と口輪筋は、ほかのいくつかの筋肉を介してつながっていますから、両方を刺激するように回します。

回しているうちに、口の中に唾液がどんどん出てくるのがわかると思います。これは、唇の内側、歯肉に存在する口唇腺（こうしんせん）を舌によって刺激することで分泌される「刺激時唾液」です。

「口の中が渇いたな」と思ったら、飲み物を飲んだり飴などをなめたりするのではなく、「舌まわし」を行なって唾液を分泌させることをおすすめします。

目を回すことは、眼筋の活性化と、眼精疲労の予防・改善などに役立ちます。

かむかむエクササイズ ……→76ページ

頭蓋骨と顎骨に振動を与え、抗重力筋を鍛えます。

「ひと口に30回噛む」ということを意識しはじめている人が増えてきているように感じます。しかし、「噛んでいるときの姿勢」にまで気に配っている人は、まだ少ないようです（23ページ参照）。

咀嚼が頭蓋骨に振動を与え、骨を丈夫にします。また、唾液を分泌させることによって、食物を栄養素として吸収しやすい状態にします。

唾液を食材にしっかり絡ませることで、有害な化学物質が腸にまで到達するのを防ぐことができるとも言われ、また、唾液中の酵素が活性酸素を除去する働きも期待できます。

カチカチエクササイズ……→78ページ

咀嚼は頭蓋骨への良い振動になりますが、加齢によって食事の回数が減ってしまったり、食事の量が減ってしまったりする方向にあると、振動を与える機会自体が充分に得られなくなることが懸念されます。

そこで、食事のとき以外でも、気が向いたときに歯をカチカチと噛み合わせて、咀嚼筋を動かしながら頭蓋骨と顎骨に振動を与えます。

ゆっくりと36回、いつでもどこでも「カチカチカチ……」と行なってみてください。

PART 3

「顔面地滑り」をくい止める！毎日の「ちょっとした習慣」

ちょっとした運動習慣①

「振動」が骨を丈夫にする

骨の老化の防止には「歩くこと」がおすすめ

このパートでは、ＰＡＲＴ２の「顔筋リフトアップ」に加えて、できれば毎日心がけていただきたい「ちょっとした生活習慣」を紹介します。まずは、運動です。

運動によって骨に一定の力が加わると、骨の新陳代謝が促されて骨が丈夫になることがわかっています。特に、骨に「振動」を与える運動が有効であることが、アメリカのミズーリ大学の研究で明らかにされています。サイクリング運動を習慣にしているグループよりも、ランニングを習慣にしているグループのほうが、骨粗鬆症になりにくいことが確認されたのです。

骨に振動を与える運動としては、ランニング以外にも、ＰＡＲＴ２で紹介した「かかと落とし」がとても効果的です。また、ウォーキングの際に、かかとでしっかり地面を踏んで歩いたり、縄跳びなどで１日50回程度ジャンプしたりするのも有効です。

かかとの骨から入った力が頭蓋骨の若返りにも役立ちます

「かかと落とし」で、かかとの骨から入った力は、足や腰、背骨なども振動させて、それらの骨の新陳代謝を促すほか、頭蓋骨にも振動として届きます。

その結果、加齢に伴う頭蓋骨の老化（縮小）を抑える効果が期待できます。PART1の18ページで示したような、眼窩（がんか）が広がったりこめかみが凹（へこ）んだり、鼻部分の穴が広がったり下顎が縮んだりすることを防ぐ上で、大いに役立つわけです。

さらに、骨に力を加えると、骨から「オステオカルシン」というホルモンが分泌されることも知られています。オステオカルシンは、全身の臓器を活性化したり、血糖値を下げたり、記憶力・認知機能を改善したりなど、さまざまな「若返り効果」「健康増進効果」を発揮すると言われています。

ですから、「かかと落とし」のような小さな動作の運動でも、1日40回を目安に続けて行なっていると、頭蓋骨・顎骨の老化を抑えられるとともに、筋肉や皮膚の活性化にもつながり、ひいては50歳を過ぎてから起こりやすい生活習慣病や認知症などへの対策にもなります。

「ちょっと汗ばむ程度」がポイントです

中高年世代の運動は、「かかと落とし」に代表されるような、「ちょっと汗ばむ程度」の小さな動きを継続することが、最大のポイントです。

大きな動きで激しい運動をしたほうが満足感を得やすいため、がんばりすぎてしまう人がたくさんいます。たとえば、頭蓋骨の衰えを一刻も早くくい止めたいという思いから、「かかと落とし」に加えて、突然、ジョギングを始める人がいます。

しかし、50歳を過ぎてから激しい運動を行なうと、体に負荷がかかりすぎて、ひざや腰を傷める可能性・危険性が高まります。一度傷めてしまうと、今度は小さな動きを行なうことも難しくなり、逆に頭蓋骨や顎骨、筋肉の衰えを加速させる要因になってしまうので、くれぐれも注意しましょう。

「小さな動き」を継続することで、最終的に大きな動きもできるようになったり、荷物を持つときにギュッと握れるようになったり、足腰のバランスも良くなったりして、生活動作の質もグッと上がります。次第に、体を動かすことにも自信がつき、表情もさらに明るくなっていくことでしょう。

「適度な運動」を心がけましょう
かかと落とし
スクワット
ウォーキング

ちょっとした運動習慣②

日常生活の中で「おうちエクササイズ」

家事の手間をあえて増やしてみましょう

改まって運動するのが面倒な人は、家事をするときに「ひと手間増やす」のが良い方法です。

たとえば、洗濯をしたあとに、いつも乾燥機を使っている人は、あえて乾燥機を使わずに、庭やベランダの物干し竿(ざお)、あるいは室内ラックなどに干すようにします。これだけでも、運動量は増加します。

洗濯機から洗濯物を取り出してカゴに入れ、物干し竿（または室内ラック）のあるところまで運びます。このとき、下腹部に少しだけ力を入れておなかを凹ませ、お尻をキュッと少しだけ締めてから歩き出します。すると、自然と足の裏に力が入るのがわかります。そして、カゴの中から洗濯物を一枚ずつ出し、両手でパンパンと叩いたり振ったりして形を整え、シワを伸ばします。

家事を誰かにバトンタッチすると一気に老化が進みます

洗濯物を取り込んだあとに、物干し竿やラックを丁寧に拭けば、これもまた肩甲骨や広頸筋の動きを通じて、頭蓋骨や顎骨、顔面筋に適度な刺激を与えることにつながります。

洗濯に限らず、炊事や掃除も、便利な家電にすべて頼らずに、無理のない範囲で手間をかければ、顔だけでなく、全身の骨や筋肉を強くするトレーニングになります。さらに、関節の可動域が広がって血液循環もよくなるため、皮膚の活性化や免疫力の向上にも役立ちます。

「もう年(とし)だから……」と弱気になって、家事は子どもや家族にバトンタッチするようなことになると、毎日の活動量が大幅に減って顔も体も一気に老化が進むので、要注意です。

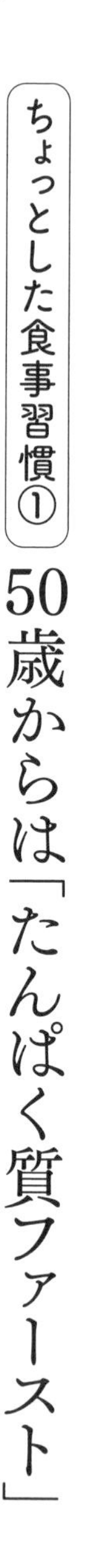

ちょっとした食事習慣①

50歳からは「たんぱく質ファースト」

骨に大事な3つの栄養素

若い頃から適度な運動を続けていても、60代、70代になって骨粗鬆症が原因で骨折してしまう人もいます。

「振動が骨にいいとすれば、私なんか骨にずっと振動を与え続けてきたのに、どうして骨を強く保つことができなかったのでしょう?」「骨の〝貯金〟は何歳まで可能なのでしょうか?」。そんな質問を受けることがあります。

一概に言えない部分も多いので、理由はさまざま考えられますが、その上で特に、「食生活の影響」が実は大きいと、私は思っています。

骨の成長にとって大切な栄養素を、しっかりと摂ることが肝要です。

骨にとって大切な栄養素とは、カルシウムとビタミンD、そして、たんぱく質の3つです。

女性が1日に必要なカルシウムの量は1日に650mg

厚生労働省では、1日に必要なカルシウムの摂取量として、女性は650mg（15〜74歳）、男性は700mg（30〜74歳）を推奨しています。

食事から摂るカルシウムが少ないとき、カルシウムが尿から出てしまわないよう再吸収（体内に取り戻すこと）を促しているのがビタミンDであり、ビタミンDが足りているからこそ、カルシウムの血中濃度が一定に保たれているのです。

ビタミンDには、体を俊敏に動かすために筋肉の速筋線維を増やす働きもあります。体の反応が早ければ、転倒やケガのリスクが減り、骨を守ることにもつながります。

ビタミンDは、食事以外では、日光に当たることで産生されます。ビタミンDは、体内ではコレステロールからつくられますが、日光（紫外線）に当たって初めて、作用可能な型に変換されるからです。

過度な紫外線は肌によくありませんが、朝、起床したら、ベランダなどに出て太陽の光を浴びるなど、適度な日光浴は健康増進に役立ちます。

骨にはカルシウムも大切ですが、たんぱく質がもっと大切です

私たちの骨は、「コラーゲン」が9割を占めるたんぱく質の骨基質に、カルシウムを主体とする「アパタイト」が、すき間を埋めるようにして成り立っています。

たんぱく質が不足すると、コラーゲンで強固に保たれていた骨組みのバランスが崩れ、脆（もろ）くて折れやすい骨になってしまいます。

たんぱく質が体内に取り込まれると、アミノ酸レベルに分解されて、コラーゲンやオステオカルシンにつくり替えられていきます。

良質のたんぱく質をしっかり摂ることが、骨の弾力性を支えます。私たち女性が必要とするたんぱく質の量は、20代でも80代でも変わりません。18歳以上であれば、男性で最低60グラム、女性なら50グラムが必要です。

目安としては、肉（牛・豚・鶏）１５０グラムに、大体25グラム前後のたんぱく質が含まれています。50歳を過ぎたら、「ベジファースト」よりも「たんぱく質ファースト」だと、私は考えています。ただし、生活習慣病などで食事制限が必要な人は、主治医や管理栄養士の指導のもと、適切な食事を摂ってください。

ちょっとした食事習慣②

朝食をしっかりと摂る

「コーヒーとトースト」で済ませていませんか？

私の歯科医院に来院される患者さんに協力していただいて、食事に関するアンケートを実施したことがあります。その結果、50〜70代の人のほとんどが、「朝食はコーヒーとトースト1枚」「朝食と昼食が一緒」「朝食は食べない」と回答されました。

正直なところ、これには心底驚きました。どなたも子育てをされていた頃は、栄養バランスの良い朝食を、家族のためにしっかりとつくっておられた方たちだからです。それが、お子さんが自立して夫婦二人暮らしになる、あるいは、70代以上の方は一人暮らしの方も多いので、「朝から手間のかかる料理をつくりたくない」「面倒」という思いがあるのだと思います。しかし、朝食は、体・心・脳のスイッチであり、1日の活力の源です。コーヒーとトースト1枚では、骨・筋肉・皮膚に欠かせないたんぱく質を摂ることが、まったくできません。

朝食をしっかり摂らないと「かくれ高血糖」の引き金になります

朝食でしっかり栄養素を摂らないと、昼食などを食べたときに急激に血糖値が上昇する「食後高血糖」が心配です。

血糖値は、食事を摂るたびに上昇しますが、健康な人は2時間以内に正常値に戻ります。食事を摂ると、膵臓（すいぞう）から「インスリン」というホルモンが分泌され、血液中の糖を全身の細胞へ栄養素として送り込むからです。

ところが、朝食をしっかり摂らずに、昼食で麺類や丼ものなどの糖質（炭水化物）の多い食事を摂る生活を続けていると、昼食後に急上昇した血糖値が、食後2時間経っても正常範囲に戻らなくなることがあります。

あるいは、急激に上がった血糖値を下げようとインスリンが過剰に分泌されて、今度は血糖値が下がりすぎて乱高下（らんこうげ）する「血糖値スパイク」と呼ばれる症状も起こりやすくなります。

いずれも、空腹時の血糖値は正常なので、健康診断では見逃されやすいことから、「かくれ高血糖」とも呼ばれます。

高血糖を放置すると老化物質が蓄積されていきます

糖尿病の人はもちろんのこと、かくれ高血糖の人も、血糖値の高い状態を放置していると、血管の老化が進んで「糖尿病性網膜症」「糖尿病性腎症」「糖尿病性神経障害」という三大合併症のほか、虚血性心疾患（狭心症、心筋梗塞）、脳梗塞などを起こす危険性が高まります。

さらに、高血糖の状態が続くと、「糖化」と呼ばれる反応を起こしやすくなります。糖化というのは、余分な糖が、体を構成しているたんぱく質に結びついて、「ＡＧＥｓ」（糖化最終生成物）という老化を促す物質を生み出す反応のことです。通常、ＡＧＥｓが生成されても、すみやかに除去されます。しかし、好ましくない生活習慣を送っていると、代謝能力が低下してＡＧＥｓが蓄積されやすくなります。

たんぱく質は、人間の体の主成分ですから、糖化反応によるＡＧＥｓの蓄積は、全身のどこででも起こります。骨で起これば骨粗鬆症が進行し、筋肉で起これば筋線維がゆるみ、皮膚ではコラーゲンが変性して弾力を失います。つまり、糖化が進むと、「顔面地滑り」にも拍車がかかってしまうということです。

ちょっとした食事習慣③

「MEC食」がおすすめ

簡単にたんぱく質を補給できます

手間をかけずに食事でしっかりたんぱく質を摂る方法としては、「MEC食」を実践するのも、ひとつの方法です。MEC食とは、渡辺信幸先生が提唱されている食事法です。

MECの「M」はミート（肉）、「E」はエッグ（卵）、「C」はチーズを指し、これら3つの食材を中心に、「ひと口30回」噛みながら毎日食べていると、1日に最低限必要な栄養素が補給できると言われています。

肉と卵とチーズは、どれもたんぱく源として優れていますから、「顔面地滑り」を予防・改善するには最適の食材です。

加えて、「かくれ高血糖」や糖尿病につながりやすい炭水化物を減らせる一方、中高年世代に必須のたんぱく質を充分に摂ることができるのも魅力です。

ミート（肉）といっても、朝からステーキや焼き肉を食べる必要はなく、ハム1枚でも構いません。卵は、ゆで卵なら簡単につくれますし、チーズはスライスチーズや6ピースチーズを買い置きしておけば、すぐに食べられます。これだけで、たんぱく質を手軽に補給でき、栄養バランスもグッと良くなります。

MEC食の1日の目安

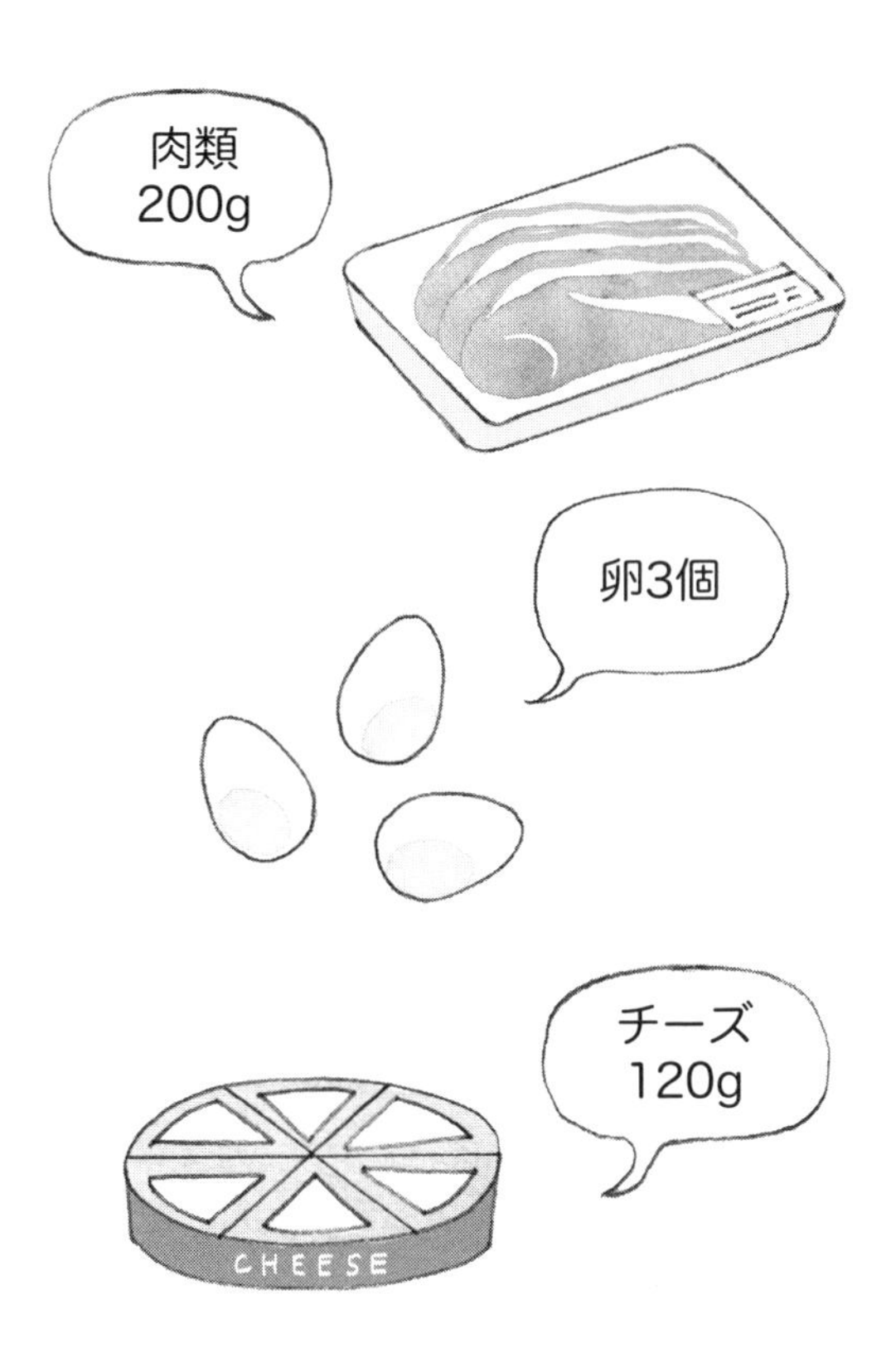

ちょっとした食事習慣④

毎日食べたい食品は「さあにぎやかにいただく」

中高年世代に不足しやすい10の食品があります

50歳を過ぎたら、ぜひ毎日食べたい食品として、「ロコモチャレンジ！推進協議会」が考案した合言葉、「さあにぎやか（に）いただく」がひとつの目安になります。

これはもともと、東京都健康長寿医療センター研究所が開発した食品摂取の多様性スコアを構成する10の食品の頭文字をとったものです。

このうち、特にたんぱく源として優れている肉、魚、卵、牛乳などをしっかり摂ることが大切です。

魚や牛乳は、骨の主成分であるカルシウムの補給源としても有効です。

なお、高齢者が毎日食べている割合が少ない食品の上位3品目は、いも類、海藻類、肉類という調査結果があります。毎日食べることが難しい食品も、「さあにぎやかにいただく」を意識して、少しずつ摂り入れるようにしましょう。

『さあにぎやか(に)いただく』

低栄養は、フレイルや寿命に関わる要注意の状態。特に高齢者は、栄養不足ぎみの人が増えており、きちんと食べているつもりでも実は…という可能性があります。

中高年世代に不足しやすい、肉や卵などを必ず食べ、やせと低栄養を防ぎましょう。

さかな	動物性たんぱく質やカルシウム、ビタミンDが豊富	魚、イカ、タコ、貝類、干物など
あぶら	適度な油脂分は、細胞などをつくるのに必要	サラダ油、バター、ゴマ油など
にく	良質なたんぱく質の代表	牛、豚、鶏など
ぎゅうにゅう	たんぱく質とカルシウムが豊富	牛乳、チーズ、ヨーグルトなど
やさい	ビタミンや食物繊維を充分に摂れる	ほうれんそう、トマト、にんじん、かぼちゃなど
かいそう(きのこ)	低エネルギーでもミネラルと食物繊維が豊富	わかめ、昆布、海苔、しいたけなど
に		
いも	糖質でエネルギー補給。ビタミン、ミネラルも含む	じゃがいも、さつまいも、里芋、山芋など
たまご	いろいろな調理法で簡単にたんぱく質が摂れる	鶏卵など
だいず	たんぱく質の元になる必須アミノ酸や、カルシウムも豊富	豆腐、納豆、油揚げ、豆乳など
くだもの	ミネラル、ビタミンが多く、食物繊維も摂れる	りんご、みかん、バナナ、いちごなど

ちょっとした食事習慣⑤

骨を強くする食品

カルシウムは吸収を助ける食品と一緒に摂るとより効果的です

骨の主要な成分であるカルシウムが豊富に含まれる食品としては、牛乳、乾燥わかめ、ヨーグルト、豆腐、切り干し大根、納豆、海苔（のり）、チーズ、春菊、ししゃも、ひじきなどがあります。しかし、カルシウムは体内に吸収されにくいので、吸収を助ける食品を一緒に摂ることが望まれます。カルシウムの吸収を助ける食品としては、豆類、煮干し、卵、イカ、海藻類などがあります。

さらに、カルシウムを骨の中にしっかり留めておくには、骨のもうひとつの主要成分であるコラーゲンも欠かせません。骨密度・骨質という言葉は、骨の硬さ、強さを表しています。骨の構造を鉄筋コンクリート建造物に譬（たと）えると、骨密度が土台のコンクリート部分で、骨質が鉄筋の部分となります。骨の強さは、約7割が骨密度やカルシウムによるものですが、残りの約3割は骨質やコラーゲンによるものなのです。

サプリメントを利用するのもひとつの方法

特にコラーゲンは、皮膚の弾力を生み出す成分でもありますから、「顔面地滑り」を防ぐ上では、カルシウムとともに、ぜひともコラーゲンの豊富な食品も積極的に補給したいものです。

コラーゲンの豊富な食品としては、肉類では鶏の手羽先や軟骨・皮、牛すじ、スッポンなど、魚類ではフカヒレ、カレイなどが知られています。

コラーゲンをより効率よく摂取するには、市販のサプリメント、あるいは医師の処方によるドクターズサプリメントを利用するのも、ひとつの方法です。

私も、骨密度を上げるというデータが得られているコラーゲン含有ミネラル複合体のサプリメントを愛飲しています。コラーゲン単体のサプリメントもありますが、より体に吸収されやすい「コラーゲンペプチド」と呼ばれる状態になっていて、美と健康に欠かせないミネラルも一緒に含まれている優れものです。

ちょっとした食事習慣⑥

大豆食品や魚類も たんぱく源として優秀

大豆食品には女性ホルモン様物質が含まれています

肉類以外にも、日本の食卓には、昔から優れたたんぱく源が存在します。大豆食品と魚類がそれです。

大豆食品は、「畑の肉」と呼ばれるほど、肉類に匹敵する優秀なたんぱく源です。加えて、大豆には女性ホルモン（エストロゲン）に似た成分が含まれていることも、私たち女性にとっては大きな恩恵です。

女性ホルモンには、骨を丈夫に保つ働きがあり、閉経後は女性ホルモンの分泌が激減することから、骨の老化も加速しやすいことは、これまでにお話ししました。

さらに、皮膚のハリやみずみずしさを保つ上でも、女性ホルモンは密接に関係していると言われていますから、豆腐や納豆、豆乳など、大豆食品でたんぱく質を補うことは、「顔面地滑り」対策として、多方面からの効果が期待できます。

大豆は女性にとって「頼れる味方」です

大豆は、昔から日本人の食生活によく馴染んだ健康食材のひとつで、女性ホルモンの代表として知られる「エストロゲン」によく似た働きをする成分を含んでいます。英国の医学専門誌では、「日本人は大豆製品をよく食べるので、女性の更年期障害が軽い傾向がある」「欧米人に比べて日本人の骨粗鬆症の発現率が低い傾向がある」と話題になったこともあります。

近年、エストロゲンの働きの元になっているのが、「エクオール」という物質であることが解明されました。大豆に含まれる「イソフラボン」という成分が、腸内細菌の働きによってエクオールに変化するというのです。

ところが、エクオールを生み出す腸内細菌のすべてが人間の腸内に存在するわけではないようです。イソフラボンを摂取してエクオールを産生できるタイプの人の割合は、日本人で約2人に1人と言われています。

自分がエクオールをつくり出せるタイプかどうかは、市販の検査キットで確認することができます。エクオールを産生できないタイプであったとしても、悲観することはありません。大豆や乳製品を発酵させてつくられたエクオール供給食品のサプリメントを摂取するなどで補完すればよいでしょう。

エクオールの研究が進むにつれて、現在では、毎日エクオールを10㎎、3カ月摂取し続けることで、骨量の減少予防に加え、手指の痛みや腫れも軽減されることが報告されています。

ちなみに、10㎎のエクオールを体内でつくり出すには、1日に豆腐200グラム（3分の2丁）、納豆25グラム（1パック）、豆乳200グラム（コップ1杯）の摂取が目安とされています。

魚類は生活習慣病や認知症対策にも役立ちます

魚類も、たんぱく質の補給源として大切です。特にカツオ、イワシ、ブリ、サケ、サバといった、店頭でよく見かける手頃な価格の魚に、たんぱく質が豊富に含まれています。

これらの魚は、血液をサラサラにするＥＰＡ（エイコサペンタエン酸）と、脳の働きをよくするＤＨＡ（ドコサヘキサエン酸）という脂肪酸が豊富に含まれることから、生活習慣病や認知症が気になる中高年世代には、欠かせない優良食品でもあります。

食事で充分な栄養素が摂れない場合は、市販のサプリメントや医師の処方によるドクターズサプリメントなどで不足分を補うのも、良い方法です。

ちょっとした食事習慣⑦

「手のひらにのるくらい」が理想的

「ほどほどの量」を「バランスよく」いただきましょう

一般的に、「バランスの良い食事が大切」とよく言われますが、何を、どれだけ食べることが「良いバランス」なのかは、年齢によって変化するものです。

特に中高年世代の私たちにとっては、「ほどほどの量」を「主食、主菜、副菜、汁物でバランスよく」いただくことが理想的だと考えています。

「主食」は、ご飯の場合であれば、両手をすぼめた手（水がこぼれないようにすくうイメージ）にふんわりと盛る程度です。「主菜」の食材は「片手にのる」くらいが目安です。魚類であれば手首から指先まで、豆腐や厚切り肉であれば手のひら程度です（すべて1食の目安）。「副菜（野菜・芋・海藻・きのこなど）」は、1食につき1～2皿揃えたいものです。「汁物」は具だくさんなものを1日に1杯。これらに加え、牛乳や乳製品、果物を3食のうちの1食に添えると、さらに良いでしょう。

「ほどほど」を「バランスよく」

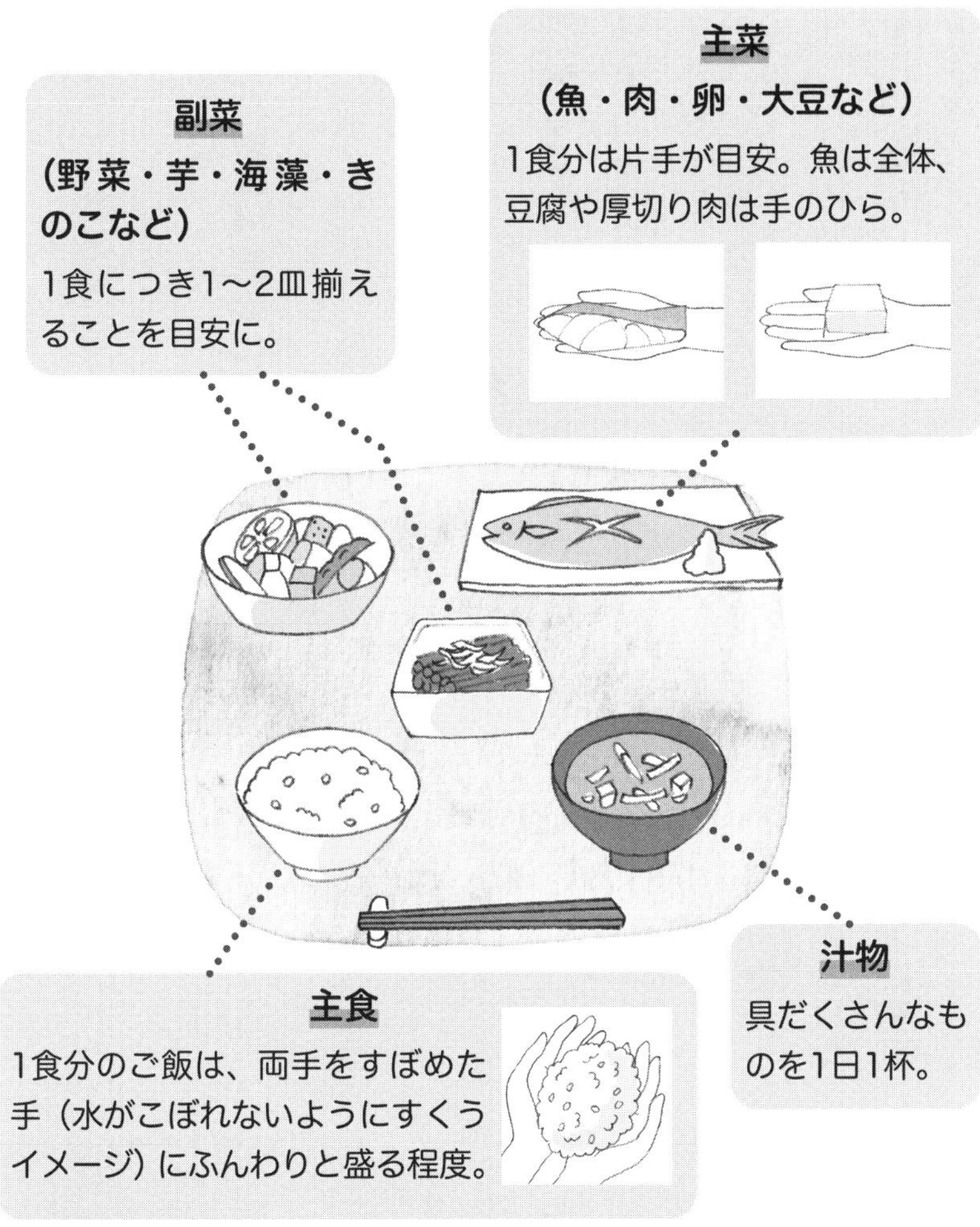

このほかに、牛乳や乳製品、果物を3食のうちの1食に添えるといいですね！

ちょっとした食事習慣⑧

「ひと口30回」しっかり噛む

咀嚼運動は頭蓋骨に振動を与える最良の手段です

先の「MEC食」の節でも説明したとおり、食生活に関しては、食事の内容だけでなく、「噛む」ことについても意識する必要があります。

解剖学の教科書には、加齢にともなって頭蓋骨や顎骨が縮小していくのは、伝わる振動が減ることが最大の原因と書いてあります。咀嚼運動は、骨に直接的に振動を伝える最良の手段なので、食が細くなって「噛む」回数が減ったり、筋肉の老化などによって「噛む」力が弱ったりすると、骨が縮小しやすいというわけです。

食欲旺盛な中高年の方でも、スマホ片手に、適当に食べ物をかき込んで、よく噛まずにすぐに飲み込んでしまうような食べ方では、骨に適切な振動が届きません。食事のときは、噛むことをしっかりと意識し、食べ物を「ひと口30回しっかり噛む」ことが大事なポイントです。

ちょっとした生活習慣①

虫歯や知覚過敏が頭蓋骨を劣化させることも

中高年世代は、歯のトラブルがきっかけで、「噛む」回数や圧力が減少・低下することがよくあります。

50歳を過ぎると、歯周病で歯を失ったり、知覚過敏になったりする人が増えます。そのまま放置していると、食事をするたびにその部分を避けて咀嚼するクセがつき、左右の咀嚼筋にアンバランスが生じます。いつも使っている側の咀嚼筋が強靭になるのに対し、使っていない側の咀嚼筋が衰えて、ゆるんでしまうためです。

左右の「噛む」バランスが崩れると頭蓋骨がゆがみます

咀嚼筋は、上顎と下顎の骨をつないでいる筋肉ですから、左右の咀嚼筋のバランスが崩れると、頭蓋骨と顎骨にゆがみが生じてきます。

たった1本の歯のトラブルが原因で、骨振動が減って骨の縮小が進むだけでなく、骨が変形して、土台から顔面が崩れてしまう場合もあります。

歯を磨くときは「丁寧にやさしく」が基本です

虫歯や歯周病を防ぐには、歯みがきを正しい方法で行なうことが大切です。歯を磨くときは、力を入れすぎると歯茎の血流が一時的に止まります。それを何度も繰り返すと、歯茎が酸素不足になって退縮しやすくなります。歯茎はとてもデリケートなので、丁寧にやさしく、時間をかけて磨くようにしましょう。

私は20分かけて、起床後と就寝前、そして毎食後に歯を磨いています。50歳を越えたら、少なくとも10分は歯みがきをしたいものです。ただ漫然と10分磨くのではなく、途中で何度も舌先で歯をチェックします。ヌルッとしたところがあったら、そこにプラーク（歯垢）が残っている証拠ですから、その部分を中心にさらに磨きます。

なお、歯周病でもないのに「歯間ブラシ」を使うのは、歯科医として首肯できません。使うなら、デンタルフロスがおすすめです。

歯間ブラシで歯の隙間を刺激しすぎると、その部分が貧血状態となり、歯肉が下がって食べたものが挟まりやすくなり、プラークコントロールが難しくなって、かえって歯周病を招いてしまいます。

歯を磨く順番（❶～❻）

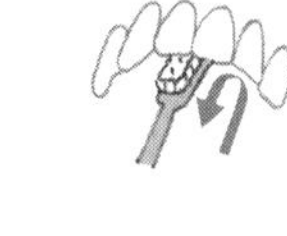

上の前歯の内側は、歯ブラシを縦に持ちかえ、先端部の毛先を使います。

歯並びがデコボコしているところは、歯ブラシを立てて1本1本磨きます。

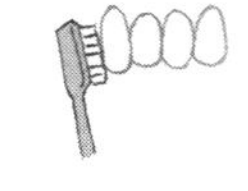

上の奥歯の外側は、歯ブラシを横にして歯並びに合わせて磨きます。

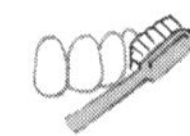

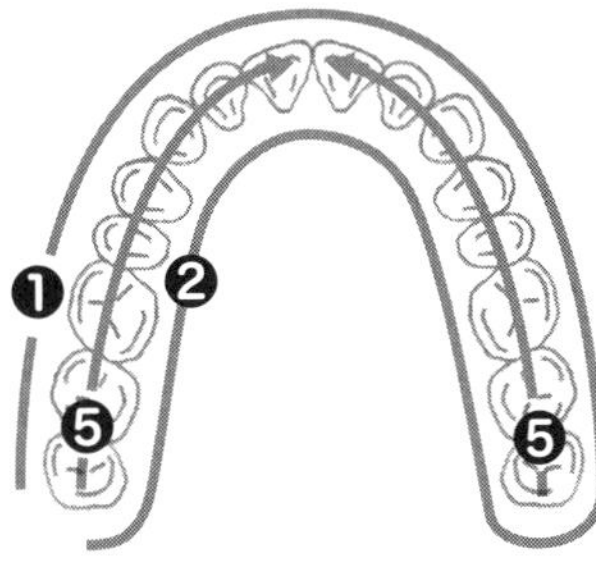

奥歯のいちばんうしろも忘れずに、歯ブラシの毛先をあてて磨きましょう。

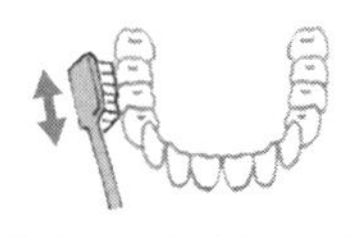

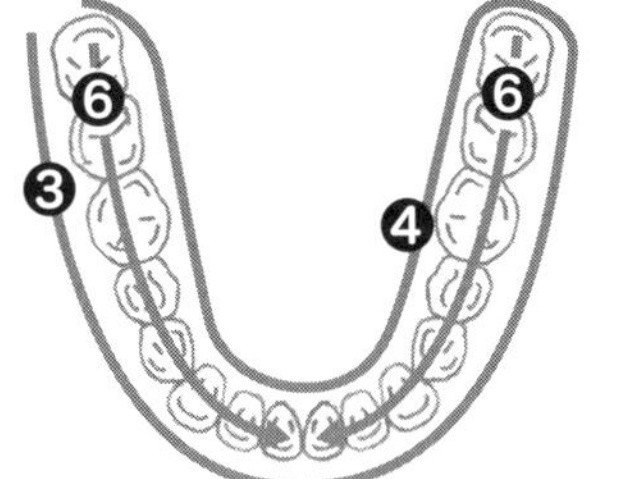

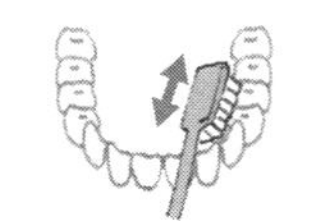

奥歯の外側は、口を大きく開き歯ブラシを確実にあてて磨きます。

奥歯の内側は、口を閉じ気味にして歯ブラシを斜めに入れて磨きます。

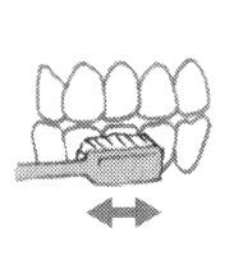

下の前歯の外側は、歯ブラシを横にして歯並びに合わせて磨きます。

下の前歯の内側は、歯ブラシを立てて、先端部の毛先を使います。

「ひとふでがき」をするように磨く順序を決めておけば、磨き残しがなくなりますよ！

ちょっとした生活習慣②

呼吸は「1分間に6回以下」

1回10秒かけてゆっくり深い呼吸を繰り返しましょう

若さと美しさ維持する上でいちばん大切なのは、何だと思いますか？　実は「酸素」だと、私は考えています。つまり、正しい呼吸によって全身の細胞に充分な酸素を絶えず送り届けていないと、骨も筋肉も皮膚も老化が進行し、若さと美しさのみならず、健康も損なわれてしまいます。

年齢が高くなるにつれて、呼吸は浅くなります。特に、いつも前かがみの姿勢になっている人は、肺が押しつぶされている状態ですから、年齢に関係なく呼吸が浅くなっています。

呼吸の深さは、呼吸の回数でわかります。目安としては「1分間に6回以下」が理想。つまり、1回につき10秒以上かけて、ゆっくりと呼吸をする。そうすると、自然に呼吸が深くなり、日常的に深呼吸をしている状態になります。

呼吸が深くなると姿勢もよくなります

「1分間に6回以下」の深い呼吸をすると、体のすみずみまで酸素がたっぷり行き渡ります。これを継続して繰り返していると、骨や筋肉、皮膚の新陳代謝が高まり、「顔面地滑り」を最小限にくい止めることができます。

また、深い呼吸をするには、肩甲骨を寄せて胸郭(きょうかく)を開く必要がありますから、背すじが自然と伸びます。背すじが伸びて姿勢がよくなれば、これもまた皮膚と筋肉が滑り落ちるのを抑える上で、とても有効です。

美容面以外でも、深い呼吸をするようになると、気持ちが落ち着き、集中力が増しますから、家事や仕事の効率がよくなりますし、QOL(Quality Of Life:生活の質)の向上も図れ、健康寿命も延びていきます。

逆に、呼吸が浅いと、酸素を充分に取り込めなくなって、気が散ったり、イライラしたりします。

このように、普段何気なく行なっている「呼吸」ですが、少し意識して変えるだけで、若さと美しさ、ひいては豊かな人生を手に入れることが可能になるのです。

ちょっとした生活習慣③

本当の「良い姿勢」って？

「耳のうしろ」から「くるぶし」までが一直線になるように

本書では、姿勢の善し悪しが「顔面地滑り」はもちろんのこと、私たちの心身に大きな影響を与えることを、繰り返し説明してきました。

ここで改めて、私が理想的だと考える「良い姿勢」を紹介しましょう。

①肩の力を抜いて、あごを引きます。
②背すじを伸ばしますが、胸は反らさないようにしてください。
③お尻を締めて（肛門を引き締めて）、下腹にも力を入れます。特にこの点は、「かかと落とし」（66ページ参照）でしっかり意識していただきたい要素です。

「良い姿勢」を心がけていると、ケガや病気のリスクも軽減できます。

本当の「良い姿勢」

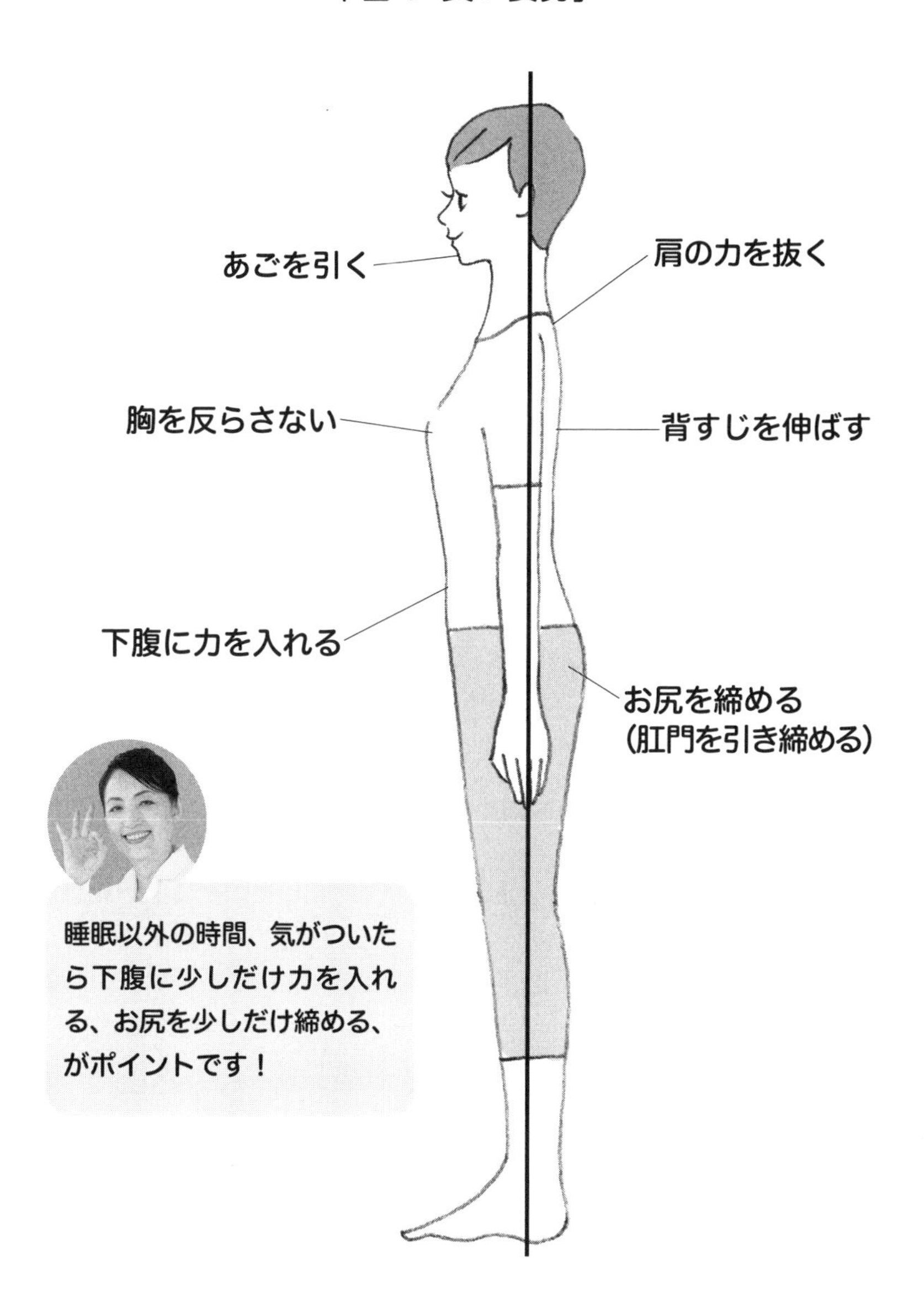
あごを引く
肩の力を抜く
胸を反らさない
背すじを伸ばす
下腹に力を入れる
お尻を締める
(肛門を引き締める)
睡眠以外の時間、気がついたら下腹に少しだけ力を入れる、お尻を少しだけ締める、がポイントです！

ちょっとした生活習慣④

質のよい眠りが「骨・筋肉・皮膚」を活性化

睡眠不足は「お肌の大敵」

睡眠不足が肌によくないことは、多くの女性が実感していることと思います。特に50歳を過ぎてから夜更かしをすると、翌朝はファンデーションののりが悪く、粉を吹いたような仕上がりになってしまうのは、誰しも経験することでしょう。

これには、睡眠中に分泌される「成長ホルモン」が深く関係しています。成長ホルモンは、表皮の新陳代謝を促すほか、日中に紫外線などで受けたダメージを修復する働きもあると言われています。

成長ホルモンがいちばん多く分泌されるのは、寝ついてから約2～3時間後。そして、表皮の新陳代謝が活発に行なわれるのは22時から深夜2時までと考えられています。ですから、美しい素肌（健康な皮膚）を保つには、遅くとも23時までには、眠りについているのが理想です。

「質のよい眠り」は夕食後の過ごし方がポイントです

23時までに眠りについたとしても、「眠りの質」が悪いと、成長ホルモンの美肌効果を充分に得ることができません。

睡眠は、眠りの浅い「レム睡眠」と、眠りの深い「ノンレム睡眠」があり、この2つが約90分のサイクルで何度か繰り返され、朝の目覚めに向かいます。

レム睡眠のとき、体は休息していますが、脳は思考を整理したり、記憶を定着させたりしながら活動しています。一方、ノンレム睡眠のときは脳が休息し、心身の疲労回復や体の組織の修復が行なわれます。皮膚はもちろん、筋肉や骨も同様です。

特に、就寝後に最初に現われるノンレム睡眠のときに深く眠ることができれば、肌はもとより、筋肉や骨のダメージも修復され、「顔面地滑り」を抑止できます。

質のよい眠りを得るには、夕食後の過ごし方が大切です。お風呂にゆっくり浸かったり、癒し効果のあるハーブティーを飲んだりしながら、体を少しずつ寝る態勢にいざなっていきます。特にスマホやタブレット、パソコンは睡眠障害の原因になるので、就寝の2時間前には使用するのをやめるようにしましょう。

ちょっとした心の習慣①

「ストレス」を軽くする2つの言葉

ストレスも「顔面地滑り」の原因になります

日常生活におけるストレスを減らすことも、顔だけではなく、全身、ひいては心の美しさを守る上では大切になってきます。

モノや情報があふれる現代社会には、ストレスの原因となるものが、さまざま存在しています。美と健康に悪影響を及ぼすストレスとしては、前節で紹介した睡眠不足や、ＰＡＲＴ１で取り上げた紫外線、さらにはスマートフォンの使いすぎによる首や目、脳への負担増もストレスに含まれます。

地域社会での人間関係や職場での激務といった精神的ストレスも、体の中に活性酸素（毒性の強い酸素）を誘発することから、皮膚はもとより、筋肉や骨にもダメージを与える要因となります。そうしたストレスを回避するには、「お願いします」と「ありがとう」という2つの言葉を、じょうずに使うことをおすすめします。

できないことは「お願い」して「ありがとう」とお礼を言いましょう

家事や仕事をがんばる人は、他人に頼らず、自分で何とかしようとする傾向があります。かなりがんばらないと終わらないとわかっていることでも、人から頼まれると「大丈夫」と引き受けてしまいがち。みなさんも、そうなのではありませんか？

そこには、「真面目で立派」ということに加えて、「できないことを認めたくない」というプライドも見え隠れしますが、「大丈夫」と何でもかんでも引き受けていると、結局、疲労困憊（こんぱい）して逆に周囲に迷惑をかけてしまったり、病気などで休養せざるを得なくなったりします。

自分一人ではちょっと無理かも、と思ったときは、無理に強がらずに、その場で「お願いします！」と協力を求めてみましょう。あなた以外の周りの人たちも、頼られると意外とうれしいものなのです。

そして、協力してもらったら、必ず「ありがとうございます」と丁寧にお礼を伝えましょう。そうすると、協力した側もまんざらでもない気になりますし、苦労をともにすることで仲間意識が高まり、関係がよくなることが往々にしてあります。

ちょっとした心の習慣②

真の美しさには「色気」も必要

「もう年だから」が口ぐせの人は「色気」が失われています

「顔筋リフトアップ」や毎日の生活習慣で、「顔面地滑り」をいくら予防・改善しても、内面からにじみ出る「色気」を失っていたら、真の美しさにはつながりません。

「色気」といっても、やみくもに男性を惹きつけるためのものではなく、表情やしぐさ、言葉遣いなどから伝わってくる「生きる力」や「魅力」「オーラ」のようなものです。

「私はもう年（とし）だから、あとは穏やかに余生を暮らしたい」

そのような考えで家に閉じこもり、ただ年齢を重ねていくだけの日々を送っている人は、「色気」がすっかり失われています。人として為すべきことはやっているものの、そこからさらに一歩踏み出して、新しいことに挑戦しようという意欲が薄れてしまっている——これでは、周りの人もあなたへの興味を失い、周りの人も覇気がなくなってしまいます。「色気」を失った人は、周囲の「色」まで奪ってしまうのです。

「おしゃれ」と「好奇心」で毎日を楽しんでいる人は周りの人も元気にします

本書を手にとって「顔筋リフトアップ」に取り組んでみようと思われたみなさんは、ちゃんと「色気」のある方か、「色気」を秘めている方々だと思います。

年齢に関係なく、いつもちゃんとメイクをし、髪型を整えて、気軽に出歩く活力もある。おしゃれも大好きで、やりたいことは山ほどあり、行ってみたいところもたくさんある。周りの人を元気にさせる魅力もあるから友人・知人も多く、毎日をめいっぱい楽しんでいる――そんな人は、間違いなく「色気」のある人です。

「色気をもっと高めたい！」という人は、まずはファッションを変えてみるといいでしょう。着ているものが変わると気分も変わり、表情や行動も自然に変化します。

ただし、周囲が違和感を覚えるような「若づくり」をしたり、肌の露出の多い衣服を選んだり、若者の流行をそのまま真似したりするのは、ちょっと違います。

たとえば、奮発して買ったお気に入りの服を、10年以上着続けても似合う自分でいられるように努力する。そういう考え方でおしゃれを楽しめる人には、「色気」があると私は思います。

ちょっとした心の習慣③

年齢を重ねたからこそ美しくなれる

「いい女」には継続した努力が必要です

「女には、年を重ねないとかっこよくならない部分がある」

これは私が20代の頃、父に言われた言葉です。

嫁入りにと仕立ててくれた黒留袖（くろとめそで）を前に、「20代でこの着物を着ても、見向きもされないだろう。でも、40代、50代で黒の着物が似合うようになったら、すごくいい女だということだ」と、父は言いました。

この言葉の意味がちゃんと理解できたのは、やはり50代になってからでした。

年を重ねるごとに、若い頃より黒留袖の肌の馴染みがよくなっただけでなく、年を重ねることでしか育たないさまざまなものがあることに気づきました。たとえば、賢さだったり知恵だったり、前節でお話しした「色気」や「魅力」などがそうです。

それらは放っておいて育つわけではなく、自らの努力の継続によって育ちます。

あなたのがんばりを自分でほめてあげましょう

PART2で紹介した「顔筋リフトアップ」や、その他のエクササイズも、速効性がある一方で、時間が経てばどうしても重力には抗(あらが)えず、シワやたるみが再び現われてくることもあると思います。ですから、「毎日続けること」がいちばん大事なのです。

私も「5年後もキレイ」を目指して、これらのエクササイズを続けています。明日の自分、明後日の自分が、健康で美しく、若々しくいられるように、どんなに忙しい日でも、体調のすぐれない日でも、決して休むことなく、努力を続けている最中です。

父が生きていたら、きっと「恭子、いい女になったな！」と言ってくれるはず。

自分でもよく、自分のがんばりをほめています。週に一度は大声で、「恭子さん、愛しています！」「恭子さん、感謝しています！」「恭子さん、尊敬しています！」と励ましています。

そして、自分を愛し、感謝し、尊敬できるように、さらに努力するのです。

ぜひみなさんも、「恭子さん」のところをご自分のお名前に替えて、自分自身を労り、ほめて応援してあげてくださいね。

おわりに

私もとうとう、健康保険制度における「高齢者」の仲間入りを果たしたのですが、「高齢者」という響きに、ちょっとした抵抗を覚えはしますが、それでも、年齢を重ねること自体に、ネガティブな感情や不安はまったくありません。

もちろん、20代、30代の頃にくらべると、肌のハリやツヤ、また体力的にも衰えているのは事実です。でも、これからの人生に対する悲観的な思いは、これっぽっちもないのです。なぜなら、私の周りには、目標となるステキな大先輩が、何人もいらっしゃるからです。

私の歯科医院には、長年来院してくださっている80歳以上の「レジェンド」の女性患者さんが、5人いらっしゃいます。

最高齢の方は88歳で、歯の診療だけでなく、私やスタッフの昼休みには待合室でエクササイズを一緒に行なったり、私のインターネット動画に出演していただいたりと、親しくおつきあいさせていただいています。

どなたも、それぞれ趣味を楽しんだり、運動をずっと続けたりしながら、いつも笑顔でイキイキと人生を謳歌しておられます。みなさん、背すじもピーンと伸びていて、「老け込んでいるヒマなんかない！」といった感じなのです。

こうした「レジェンド」たちの年齢の重ね方を、30年以上にわたって間近に拝見してきたことで、私自身の目指すべき目標も明確になり、エイジングに対して不必要な怖れを抱くことがなくなりました。

誰しも50歳を過ぎると、気力・体力ともに低下してきて、健康に不安を感じるようになります。「死んだらどうなるの？」「倒れたらどうしよう」「認知症になってしまうかもしれない」といった思いがよぎることも、しばしばだと思います。

しかし、私のように身近に目指すべき「お手本」が何人も存在すると、50代、60代はまだまだ「ヒヨッコ」にすぎないという気持ちになります。このあと20年、30年経っても、こんなにステキな姿で充実した人生を送ることができる——そう確信できるのです。

年齢に縛られて、考えや行動を限定してしまうと、自分の持っている本来の魅力を、自分で封印してしまうことになります。

私自身もそういう時期がありました。若い頃、中高年の女性が髪を伸ばすのは、白髪などの心配もあって、少し無理があると思っていました。ところが、自分がその年代になったとき、行きつけの美容院の美容師さんからたまたま、「シャロン・ストーンみたいにしてみたら?」と勧められ、髪を伸ばすことにしました。

というのも、ハリウッドスターのシャロン・ストーンは私より2歳年下ですが、自然に年を重ねつつも、美と健康をちゃんと維持している彼女の姿に、ずっと憧れを抱いていたからです。そのときの一大決心により、今ではロングヘアーが、私のトレードマークになっています。

何歳になっても、私たちは自分を美しく、健康にできる潜在能力を持っています。それらを引き出す効果的な方法が、PART2で紹介した「顔筋リフトアップ」であり、PART3の「ちょっとした習慣」です。

本書の内容が、いつまでもナチュラルに美しく、健康でありたいと願う方たちの一助になれば、とてもうれしく思います。

宝田恭子

【参考文献】

『お医者さんが教える 宝田式 すっきり若顔！エクササイズ』宝田恭子（ＰＨＰ研究所）
『40代から「もっと楽しく」生きるシンプル生活』宝田恭子（あさ出版）
『顔だけ痩せる技術』宝田恭子（メディアファクトリー新書）
『宝田式新メソッド ねこ背を直せば、顔が若返る』宝田恭子（主婦の友社）
『ほうれい線は消せる！宝田式エクササイズで顔老けＳＴＯＰ！』宝田恭子（主婦の友社）
『日めくり まいにち、美顔トレ』宝田恭子（扶桑社）
『宝田流表情筋トレーニング たるみが消える顔筋リフト』宝田恭子（講談社）
『オトナのための食育ＢＯＯＫ』（東京都江戸川区健康部健康サービス課）
東京都江戸川区ホームページ

【著者紹介】

宝田恭子（たからだ・きょうこ）

歯科医師。東京歯科大学卒業後、同大学勤務を経て、宝田歯科医院の三代目院長に。日本アンチエイジング歯科学会監事、睡眠改善インストラクター。メディカルアロマテラピー研究会に所属。従来の歯科医療に加え、口元の筋肉を中心とした表情筋、顔面筋を活性化する独自のエクササイズを提唱。口元からトータルな美しさと健康を手に入れる方法を研究。自らもその実践と普及に励んでいる。テレビや雑誌、講演、SNSでも幅広く活躍中。

著書に『宝田流表情筋トレーニング たるみが消える顔筋リフト』（講談社）、『宝田恭子の老けない作法 50才からの変化ときれいを楽しむ法則』（主婦の友社）などがある。

YouTubeチャンネル「宝田恭子TV いち押しレッスン」

「顔面地滑り」をくい止める！ 宝田式 速効5分 顔筋リフトアップ

2021年9月23日　第1版第1刷発行

著　者　宝田恭子
発行者　櫛原吉男
発行所　株式会社PHP研究所
京都本部　〒601-8411　京都市南区西九条北ノ内町11
教育出版部　☎075-681-8732（編集）
家庭教育普及部　☎075-681-8554（販売）
東京本部　〒135-8137　江東区豊洲5-6-52
普及部　☎03-3520-9630（販売）
PHP INTERFACE　https://www.php.co.jp/

印刷所
製本所　図書印刷株式会社

ISBN978-4-569-85035-1